Y LLWYBRAU GYNT

2

Golygydd

ALUN OLDFIELD-DAVIES

GWASG GOMER

1972

Argraffiad Cyntaf – *Tachwedd* 1972

SBN 85088 174 9

Argraffwyd gan
J. D. Lewis a'i Feibion Cyf.
Gwasg Gomer, Llandysul

RHAGAIR

ERBYN haf 1972 yr oedd 36 o Gymry wedi cyfrannu'u hatgofion i'r gyfres radio ' Y Llwybrau Gynt ' dan gyfarwyddyd Mrs. Lorraine Davies a gyda chymorth Miss Shân Davies ei hysgrifenyddes. Yr olaf i siarad yn y gyfres yw'r cyntaf yn y gyfres hon—R. S. Thomas, Rheithor Aberdaron ac o holl feirdd Cymru sy'n fyw, yr enwocaf y tu hwnt i Glawdd Offa. Sais ydyw o ran iaith medd ef a ddysgodd Gymraeg oherwydd ei hoffter o'r mynydd-dir rhagor gwastadedd y gororau. Ond er nad yw'n canu yn Gymraeg y mae'i awen ar waith yn yr atgofion hyn. Yn dilyn yr offeiriad o fardd daw meddyg a droes yn efengylydd a'r amlycaf dybiwn i ym Mhrydain ; y Dr. Martin Lloyd Jones yntau wedi dysgu Cymraeg fel ail iaith ond yn llawer cynt ar ei yrfa nag R. S. Thomas. Am yr ail fardd yn y gyfrol hon—Gwilym R. Jones, Cymro Cymraeg o'i grud yn Nyffryn Nantlle sy'n dal i chwifio'r Faner er enbyted yr Amserau. Dyn papur newydd gydol ei oes yw ef ond mwy amrywiol fu hanes a helynt Mrs. Dora Herbert Jones ar ei llwybrau o dref ei geni, Llangollen, i'w hafan dawel yn Nhregynon Sir Drefaldwyn.

Dyw'r llythrennau printiedig ddim yn cyfleu naws a swyn y geiriau a lefarwyd oni fo'r darllennydd yn ymglywed â'i glust wrth ddarllen a'i lygad. I'r sawl a wna hyn y mae sgwrs Dora Herbert Jones yn troi'n gân werin fel y mae sgwrs Gwilym R. yn mynd â ni i ryw Babell Lên barhaus, Dr. Martin Lloyd Jones yn ein tywys i oedfa a llais R. S. Thomas yn ein galw i gefn gwlad Cymru.

ALUN OLDFIELD-DAVIES

Tua diwedd y Rhyfel Byd Cyntaf yw hi, a'r lle : Penrhyn Wirral, Sir Gaer. Y mae bachgen bach yn chwarae ar y traeth. Dros y môr tua'r de-orllewin y mae bryniau uchel, llwydlas i'w gweld. Cyfeiria ei dad atynt. 'That's Wales,' medde fe. Mae'r bachgen yn codi ei ben am eiliad a syllu arnynt, cyn troi'n ôl i chwarae efo'r tywod. Myfi yw'r bachgen hwn ar fy ngwyliau efo'm rhieni o Lerpwl. Ar y môr y mae fy nhad, a ninnau'n byw yn Lerpwl er mwyn bod yn agos iddo pan ddaw ei long i borthladd Lerpwl o dro i dro. Mae'r Wirral yn lle braf i fynd yno, ac hyd yn oed pan nad ydym ar ein gwyliau, mae'n bosibl i bicio dros afon Merswy am y diwrnod yn un o'r badau pleser.

Cefais fy ngeni yng Nghaerdydd, ond gan fod fy nhad ar y cefnfor, symud o borthladd i borthladd fu fy hanes am y chwe blynedd cyntaf o'm hoes, a'r rhan fwyaf o'r rheiny wedi eu treulio yn Lloegr. Yn wir, bachgen o'r dref oeddwn, a'r atgofion cyntaf sydd gennyf ydyw am barciau a strydoedd trefi mawr fel Lerpwl, a minnau'n mynd ar y tramiau i lawr at y cei i gyfarfod fy nhad, neu'n mynd ar y llong ei hun ac aros yn y gwely yn ei gaban ef, tra roedd fy mam ac yntau'n ciniawa gyda'r gweddill o swyddogion y llong. Bryd arall mynd i un o'r parciau : ganol gaeaf yw hi, a'r llyn yno wedi rhewi drosto. Y mae twr o bobl wrthi'n sglefrian arno. Yn agos i'r lan, y mae pisyn heb ei rewi. Dyma offeiriad yn dod, gan hwylio'n braf fel llong o flaen yr awel. Yn sydyn, er mawr syndod i mi, mae'n diflannu i'r pwll. Daw eraill ar unwaith a'i dynnu oddi yno'n wlyb domen. Y mae'n mynd i ffwrdd wedi torri ei grib. Aiff y byd yn ei flaen. Mae'n braf yn y parc yn yr haf hefyd. Mae'r awel yn llawn o aroglau rhosod. 'Rwy'n plygu i ffroeni un o'r blodau, ond gwae fi ! Y mae rhyw bwca'n fy nisgwyl i yno ! Ar amrantiad dyma fo i'm trwyn, a dechreuaf innau floeddio dros y lle. Rhuthra fy mam ataf wedi dychryn drwyddi. Wedi imi chwythu nhrwyn fel draig i'w hancas poced hi, dyma'r gelyn i'r golwg—gwybedyn bach du, diniwed ! Ond mae'r profiad yn dal yn y cof hyd heddiw, ac yn bur betrus y byddaf bob amser wrth arogleuo blodyn.

Ar ddiwedd y rhyfel, a minnau'n tynnu at fy chwech oed, symudasom i fyw i Gaergybi, lle'r oedd fy nhad wedi cael gwaith ar y llongau oedd yn teithio rhwng Cymru ac Iwerddon. 'Rwy'n cofio'r diwrnod y cyraedd-asom, diwrnod gwlyb, tywyll yn Rhagfyr. Pa dref sydd waeth na Chaergybi ar ddiwrnod fel na ? Aeth y tacsi â ni ar hyd y strydoedd moel at ein llety, a minnau'n syllu'n ddigalon trwy ffenestri'r cerbyd. Ond trannoeth ! Perl o fore. Pob man â sglaen arno, a'r môr yn lâs i ryfeddu. Yr ydych yn gwybod yr hen benillion, debyg iawn ?

> Ar noswaith ddrycinog mi euthum i rodio
> Ar lannau y Fenai gan ddistaw fyfyrio ;
> Y gwynt oedd yn uchel, a gwyllt oedd y wendon,
> A'r môr oedd yn lluchio dros waliau Caernarfon.
>
> Ond trannoeth y bore mi euthum i rodio
> Hyd lannau y Fenai, tawelwch oedd yno ;
> Y gwynt oedd yn ddistaw, a'r môr oedd yn dirion,
> A'r haul oedd yn twynnu ar waliau Caernarfon.

Dyna i chi ddisgrifiad gweddol deg o'r math ar dywydd a geir yn Sir Fôn. Yn wir os bydd rhywun yn gofyn i chi sut dywydd sydd i'w ddisgwyl yno, dywedwch wrtho :

O, codi'n braf at y prynhawn, y bydd hi. Y tywydd oedd y brenin yng Nghaergybi. Ef a benderfynai fy ngweithgareddau i gyd bron. Bûm yn blentyn gwanllyd am y rhan gyntaf o'm hoes. Credai fy mam y gwnai digon o awel iach y môr ddyn newydd ohonof. Felly am flwyddyn nid euthum i'r ysgol ; yr awyr agored amdani. Crwydrais ar hyd y caeau ; chwaraeais ar hyd y glannau ; pysgotais am benbyliaid ymysg y creigiau. Rhai garw oedd y rhain. Dotiais at eu dull egr o ymaflyd yn yr abwyd. Nid oedd eisiau dim ond pisyn o lygad myharen ar ben pin cam, ei ollwng i bwll bach a gweld y penbwl yn rhuthro ato o'i guddfan i gael ei fachu gennyf a'i rhoi mewn pot jam. Gallaswn fod wedi pysgota am oriau, ond rhaid oedd cadw llygaid ar y llanw. Yn fwy nag unwaith cefais fy nal, ac yn gorfod neidio trwy'r dŵr i'r lan. Cweir gan fy mam wedyn.

Pan ddaeth hi'n amser i mi ddechrau yn yr ysgol, cwrddais â chyfeillion newydd, teulu oedd yn byw ym mhen arall yr ynys. Gwraig weddw oedd y fam, a chanddi dri o blant, merch a dau fachgen. 'Roedd y ferch yn hŷn o dair blynedd na mi, ond tua'r un oedran oedd yr hogiau. Ym Mhenrhos Feilw yr oeddynt yn byw, ac fe aeth enw'r cartref yn lle hud a lledrith i mi yn o fuan. Safai'r tŷ ar ei ben ei hun ymysg y caeau gyda'r môr agored ryw hanner milltir i ffwrdd. 'Roedd gan yr hogiau guddfannau yn yr eithin lle 'roedd hi'n bosibl i guddio'n llwyr o olwg pawb. Twneli hir yn arwain trwy'r eithin ar ryw siambr ganolog, ac yno yr eisteddem fel Indiaid Cochion i wneud ein cynlluniau. Byddai fy nhad a mam yn ymweld yn reit aml â'r wraig hon, a thra byddent yn sgwrsio neu'n chwarae cardiau yn y gaeaf, byddem ni'r plant yn chwarae i mewn ac allan o'r tŷ. Profiad amheuthun oedd sleifio allan i'r tywyllwch weithiau a sefyll dan y sêr gyda gwynt y môr yn ocheneidio o gwmpas y tŷ distaw. Ac wedyn byddem ni'n cerdded adref ryw ddwy filltir trwy'r nos gyda'r eithin yn gwichian bobtu'r lon ac ambell i seren wib yn rhuthro'n dawel dros yr wybren a darfod fel llwynog Williams Parry. Yn ddiogel yn y gwely byddwn yn mynd i gysgu yn sŵn canu twr o bobl y dref a fyddai'n hel at ei gilydd weithiau ar gongl y stryd oedd y tu ôl i'n tŷ ni.

Yn yr haf byddwn yn cyrchu i gartref fy ffrindiau'n amlach fyth. 'Roedd 'na borth da am ymdrochi yn agos iawn iddynt, sef Porth Gof Du, ac yno y byddem ni'n hoffi mynd. 'Roeddynt hwy fel llamhidyddion yn y dŵr, ac yn fuan iawn y dysgais innau nofio. Yr oedd yn borth delfrydol ac yn gwbl breifat. Yn anaml iawn y byddai neb arall yno. Pan oedd wedi llenwi 'roedd y môr ryw chwe troedfedd yn y cafn bach tywodlyd a ffurfiai'r borth. 'Roedd y dŵr fel grisial a byddai'r silod a'r llym- riaid yn dangos yn lâs yn ei ddyfnderoedd. Wynebai'r porth tua'r dwyrain, ac ar lawer bore gwelais y môr yn disgleirio fel arian neu aur yn yr haul. Ar foreau fel y rhain byddai ein calonnau'n ysgafn ac yn llawn miri, a byddem yn canu nerth ein pennau ar y llwybr trwy'r grug i'r borth. Yn sicr 'roedd rhyw gyfaredd yn perthyn i'r môr yno, a dyheai'r corff am gael ei fedyddio ynddo. Brydiau eraill yn y prynhawn pan fyddai'r cafn yng nghysgod yr haul, wedi ymdrochi ar frys byddem yn gwisgo amdanom a mynd i archwilio'r clogwyni. Yr oedd pennau fy nghyfeillion yn fwy sad na fy un i. Yn aml 'roeddwn yn gorfod troi'n ôl a chael yr enw o fod yn llwfr. Ond o dipyn i beth dysgais innau sut i edrych dros y dibyn heb ormod o fraw, gan ddarganfod bod 'na ffordd weddol hawdd i lawr wedi'r cyfan. Peth amheuthun oedd cael disgyn i ryw draeth bach ymhell o unman, gyda'r

Y LLWYBRAU GYNT

clogwyni'n codi fel mur o'n cwmpas, a theimlo nad oedd neb wedi sefyll yno erioed o'r blaen. A byddai'r gwylanod yn ategu'r teimlad yna gan gylchdroi uwch ben gyda thwrw mawr iawn. Weithiau i wadu ein honiad mai y ni oedd y cyntaf yno, byddai modrwy haearn yn dod i'r golwg. Ond buan y deuem i'r casgliad mai morladron a'i rhoisai yno ! A ydych chi'n nabod sŵn y môr mewn cilfach unig, greigiog ? Nid oes sŵn tebyg iddo, nac i glonc rhyfedd y don sy'n treiddio i berfeddion y graig. Dyma unigrwydd, a byddai hyd yn oed dri hogyn nwyfus, direidus yn tawelu peth wrth ei brofi. Wedyn yn ôl â ni am y cyntaf i gyrraedd pen y dibyn ; weithiau'n mynd yn sownd trwy gymryd troad arall. Ar adegau fel 'na, nid oedd 'na ddim amdani ond cilio ac ail gychwyn, er nad oedd pen y clogwyn ond ryw lathen neu ddwy o'n gafael. Ar ôl diwrnod fel hwn yn yr haf coron ar y cwbl oedd cael cerdded adref trwy'r cyfnos oedd yn llawn aroglau'r gwair a'r gwyddfid, gyda'r nyddwr yn canu'n ddibaid yn y rhedyn. Byddai'r croen yn llosgi lle 'roedd yr haul a'r heli wedi ei flingo ; ond 'roedd 'na flas ben-digedig ar lasaid o ddŵr oer cyn mynd i'r gwely, a byddai'r cynfasau gwynion yn llyfn ac yn iachusol.

Yr wyf wedi sôn cryn dipyn am fy nghyfeillion, ond wrth gwrs 'roedd 'na lawer o ddyddiau pan fyddwn ar fy mhen fy hun, gan mai y fi oedd unig blentyn fy rhieni. Ond ni theimlais fy hun yn unig. Ymhyfrydais yn yr awyr agored, ac yn aml byddwn i allan yn y caeau cyn y wawr i gael ychydig oriau o bleser cyn mynd i'r ysgol. Y gamp oedd codi a sleifio allan heb ddeffro fy mam a fyddai'n cysgu'n ddigon ysgafn ei hun. 'Roedd 'na bob rhyddid i mi fynd allan, ond petae hi wedi deffro, buasai wedi ceisio fy narbwyllo i fynd yn ôl i'm gwely, i gymryd tamaid gyntaf, i wisgo'n gynnes amdanaf ac yn y blaen.

Felly yr un fath â dwyn ffrwythau, 'roedd 'na fwy o bleser i'w gael o ddianc heb i neb wybod, a dychwelyd erbyn amser brecwast gyda llu o brofiadau difyr—wedi gweld carlwm gwyn ; wedi gweld y lleuad yn machlud dros y don, a'r haul yn codi tua'r Wyddfa. Wedi gweld ; wedi clywed. Yn anaml iawn y byddwn i'n cerdded ar hyd y lôn. Gwell gennyf bob amser oedd yr ochr draw i'r clawdd, gyda'r canlyniad bod fy nhraed yn wlyb yn llawer rhy aml oherwydd y gwlith neu'r glaw. Ac er i mi wadu hyn, profodd y ffaith fy mod dan annwyd mor fynych mai fy mam oedd yn iawn.

Un o'r tymhorau mwyaf difyr yng Nghaergybi oedd yr amser hel madarch, caws llyffant. Ac nid y fi oedd yr unig un a fyddai'n codi'n fore yr adeg honno. Pa mor aml y cyrhaeddais y cae da gyda'r wawr mewn pryd i weld cysgod tywyll ar fin gadael y cae a llond basged o fadarch ganddo. Mor benderfynol oeddwn o fod y cyntaf yno weithiau nes i mi gyrraedd y cae yn y tywyllwch a gorfod codi popeth gwyn cyn cael gwybod ai madarchen ynteu carreg ydoedd. Ac eto yr oedd y boreau cynnar hynny'n llawn hud a lledrith. A ddaru i chi erioed gyff-wrdd â chaws llyffant oer, gwlithog, a phrofi ei aroglau ffres ? a'i ddeintio ? Mae caws llyffant yn enw da. Mae na flâs caws gwan yn perthyn iddo'n debyg i gaws Caer-ffili ; rhywbeth sy'n diflannu yn y badell ffrio, ni waeth pa mor ofalus y byddwch chi.

Sôniais eisoes am rai o'm cyfeillion ; ond sut y daeth Rhodri i'm bywyd, ysgwn i ? Ar ôl i mi symud i'r ysgol ramadeg, mae'n debyg. 'Roedd teulu Penrhos Ffeilw yn un parchus ac yn ddigon saff i wneud ffrindiau â mi. Ond un o'r dref oedd Rhodri. Nid oedd yn siarad ag acen bur. Ni fyddai'n codi ar ei draed pan ddeuai fy mam i'r ystafell. Bu Rhodri dan gwmwl felly. Ond i mi yr oedd fel awel iach o fyd arall. Nid un o'r caridyms ydoedd ; ac eto un nad oedd arno eu hofn. I mi 'roedd y caridyms yn ddych-ryn bywyd. Byddent yn llechu tu ôl i'r muriau ac yn taflu cerrig ataf. Byddent yn fy herio i gwffio, ac nid da gennyf hynny. Petae fy nhad wedi cael mwy o siâr yn fy magwraeth, fel arall y buasai. Gwelsai ef ddyddiau caled yn yr hen longau hwylio, a gwyddai'n dda sut i edrych ar ei ôl ei hun. Ond anfynych oedd ei ddyddiau gartref o'u cymharu â'i ddyddiau ar y môr, ac ar fy mam felly y syrthiai'r gwaith o'm magu, gyda chanlyniadau nad oedd wrth fodd y caridyms. Ond rhedai Rhodri efo 'nhw fel blaidd gyda'i debyg. Yn y gaeaf, pan fyddwn i'n ddiogel yn y tŷ, a'r llenni wedi'u tynnu'n erbyn y nos, byddwn yn clywed rhyw waedd annynol o'r tu allan, a sŵn traed yn carlamu heibio. Rhodri a'i wroniaid ar y trywydd ! Mentrais ofyn unwaith gawn i fynd allan i chwarae. Digiodd fy mam a gofyn gyda dirmyg cyfiawn : ' Beth ? Efo rheina ? ' Ni ofynnais i ddim wedyn. Ond 'roeddwn i'n rhydd i fynd i'r ysgol efo fo a dod oddi yno ac hyd yn oed i fynd am dro efo fo, os nad oedd hi wedi nosi. Agorodd Rhodri fyd newydd i mi. Yr oedd ei ben ef yn llawn o sgarmesoedd a welsai yn y sinema. Ef a ddysgodd imi nad blodau oedd y rhesi o fysedd-y-cŵn, ond ton ar ôl ton o Indiaid Cochion i'w llorio a'n harfau ni—cerrig wedi'u taflu gan Rodri, o leiaf, gydag effaith ddychrynllyd. Byddem ni'n chwarae pêl ar y ffordd adref o'r ysgol. Ryw ddiwrnod, ciciais honno trwy ffenestr tŷ. 'Roeddwn i am fynd at y drws i ymddiheuro, ond cydiodd Rhodri yn fy mraich. ' Tyrd, y ffwl gwirion,' meddai ; ac i ffwrdd â ni, a'n gwynt yn ein dwrn. Wedi cyrraedd congl y stryd, safodd Rhodri i sbïo. ' Neb i'w weld,' meddai, gan chwerthin yn fuddugoliaethus. Aethom yn ein blaenau, ond gwae fi ! Trannoeth dyma'r prifathro i'r dosbarth a gofyn i mi fynd i'w ystafell. 'Roedd y gath allan o'r cwd, a gorfod i fy rhieni dalu am y ffenestr. Ond Rhodri druan a gafodd y bai ganddynt.

Anfodlon iawn oeddynt i mi fynd efo fo, a minnau wrth fy modd yn ei gwmni. 'Roedd ei sgwrs yn llawn o ddisgrifiadau o'r cweir gafodd rhywun mewn ffilm gan ei arwr ef. Dyma ddyddiau Tom Mix a'i geffyl rhyfeddol, a chefais innau ganiatâd o dro i dro i fynd i weld y Cowbois a'r Indiaid Cochion yn hela ei gilydd dros y paith. 'Roedd 'na un sinema lle daliwyd i ddangos lluniau distaw wedi dod o'r ffilmiau sain i'r sinemau eraill. Yr oedd piano yno, ac 'rwy'n gallu gweld y pianydd o hyd yn canu'r offeryn nerth ei ddwylo yng ngolau gwan y ffilm a chlywed y nodau'n cyflymu a chyflymu fel y goddiweddai'r Indiaid y cerbyd y teithiai'r arwres wallt golau ynddo. Gallaf glywed hefyd gymeradwyaeth fyddarol hogiau'r dref wrth i'r arwr wthio'r dyhiryn dros y dibyn. Ac i gloi'r ffilm dyna lle'r oedd yr arwres yn ei ddisgwyl o dan goeden yn wên i gyd. Rhodri, debyg iawn, a dynnodd fy sylw at y gennod. Weithiau byddai un o'i gyfeillion yn ymuno â ni am dro. Byddwn yn eu gweld 'nhw'n troi i edrych ar ôl rhyw eneth yr oeddem newydd ei phasio ac wedyn yn dechrau gwenu'n wirion a sibrwd wrth ei gilydd. ' Pam na ddaru i ti siarad â honno ? ' gofynnent. ' 'Roedd hi'n gwenu arnat.' Yr oedd yn syniad ofnadwy i mi. 'Roeddwn yn rhy swil i edrych ar hogan heb sôn am siarad â hi. Ac eto, yr oedd y duw bach arfog yn disgwyl amdanaf.

Yr oedd tŷ arall allan yn y wlad a thwr o blant yno, yn hogiau a gennod. Byddai fy mam yn galw yno weithiau. Un dydd yr oeddem ni yno, a thra 'roedd fy mam yn siarad â gwraig y tŷ, cymerodd un o'r gennod fi o'r neilltu a dechrau sgwrsio'n bur gyfeillgar am hyn a'r llall. O dipyn i beth collais fy swildod a dechrau torheulo am y tro cyntaf yng nghwmni merch. Cerddais adref gyda fy mam fel un mewn breuddwyd. 'Roedd y byd wedi ei weddnewid. Euthum i gysgu dan weld dau lygad du'n pefrio arnaf a chlywed llais ysgafn yn tincial. 'Roedd saeth y duw bach yn sownd yn fy nghalon. Ni wnai dim byd mo'r tro wedyn ond cerdded y lôn gan obeithio cyfarfod â hi'n ddamweiniol. Bore a phrynhawn yn y gwyliau 'roeddwn i'm gweld yn cymryd fy hynt heibio ei thŷ hi. Ond ni lwyddais i gwrdd â hi. 'Or diwedd nid oedd dim amdani ond mentro. Euthum drwy'r llidiart at y drws a churo, gan grynu oddi mewn. Daeth morwyn at y drws a dweud bod y teulu yn y berllan. Wedi mynd yno cefais fod y tair merch yno gyda'u tad a oedd wedi bod yn wael. Croesawyd fi'n gyfeillgar ac yn naturiol, ac eisteddais innau efo 'nhw dan y coed afalau gyda'r gwenyn yn suo a'r adar yn canu a'r haf hir-felyn tesog yn ymestyn o'n cwmpas. Dyna nefolaidd ! Nid oedd arnaf eisiau mynd oddi yno byth. Digon oedd eistedd a chael gwrando ar eu lleisiau persain, gan gil-edrych o dro i dro ar fy nghariad. O dro i dro hefyd dywedais i rywbeth i ddangos pa mor hynod o lew oeddwn. Mae'n dweud llawer dros y gŵr hynaws yna ei fod mor garedig â gofyn i'r crymffast gwirion aros i gael tê efo nhw ! Ac fel hyn y bu am rai misoedd tra parhaoed y dwymyn. Gwag oedd y traethau ; anghofiedig y meysydd. Nid oedd ond un lôn i fynd ar hyd-ddi. Petawn i'n mynd i'r traeth o gwbl, dim ond i sgrifennu ei henw hi ar y tywod oedd hynny ! Dwn i ddim sut y darfu am y peth, os darfu o gwbl, canys mae rhai'n maentumio bod eich cariad cyntaf yn dal efo chi gydol eich oes. Yn sicr, ni fu dim ffraeo, dim anghydfod. Ciliodd y peth yn raddol o'm meddwl, a chymerwyd ei le gan bethau eraill, sbort yn arbennig.

'Roedd fy nhad yn gricedwr da, a chymerais innau ar ei ôl o. Os ydych yn hoff o natur, gellwch fod yn hoff o griced hefyd, criced gwledig, 'rwy'n ei feddwl—y tywydd braf, aroglau'r gwair, a sŵn y gwynt yn suo yn y coed. Nid oeddwn cystal peldroediwr. 'Roeddwn yn rhedwr chwim ac euthum dros lawr o dir, ond rywsut ni wnai'r bêl yr hyn a fynnwn iddi ei wneud. Ni ddaliais fy lle mewn unrhyw dîm yn hir. Ond fel arall oedd hi efo Rygbi. Dyma'r adeg pan ffurfiwyd clwb Rygbi yn y dref, ac ymunais ag ef yn fuan. Yn y gêm hon y mae cyflymder yn fantais, wrth gwrs. Ni rhaid ond gafael yn y bêl ac i ffwrdd â chi ! Ond gwendid y peth ydy hyn, fel y gwyddoch :— os oes gennych asgellwr chwim, mae'n rhaid gweithio'r bêl allan ato. Ond heb ganolwr da, ofer yw'r cwbl. Segurdod pur oedd bod ar unrhyw asgell efo tîm Caer-gybi. Ac y mae segurdod yn arwain at draed oer ! Os ydych am fod ar eich gorau mewn Rygbi, mae'n rhaid cynhesu'r gwaed. Ni ddatblygais yn chwaraewr Rygbi da chwaith. Glynodd peth o'r traed oer wrthyf erioed, ac wedi ysbaid efo ail bymtheg y Coleg, ymddeolais a dychwelyd at fy hen arfer o fynd am dro hir yn y wlad, i syllu ar brydferthwch natur ac i hel meddyliau gwag, hirfaith llencyndod.

Aeth yr amser heibio. Daeth yn bryd imi adael Caergybi a chymryd fy lle yn y byd. Yn ystod fy nhymor yn y coleg diwinyddol yn Llandâf, byddwn yn teithio adref yn y tren o Gaerdydd. Fel y gwyddys y mae'r lein o Gaerdydd i'r Amwythig yn rhedeg ar hyd y gororau, gyda gwastadeddau Lloegr ar y naill ochr a bryndir Cymru ar y llall. Fe'm cynhyrfwyd yn aml wrth weld y bryniau hyn yn codi tua'r gorllewin. Weithiau byddai'n dechrau nosi arnom cyn inni gyrraedd Llwydlo. Tua'r gorllewin byddai'r nen ar dân, gan atgoffa rhywun am y brwydrau a fu. Yn erbyn y gwawl hwnnw, codai'r bryniau'n dywyll ac yn fygythiol fel petaent yn llawn o wŷr arfog yn disgwyl am gyfle i ymosod. I'r gorllewin, felly, 'roedd 'na wlad ramantus, beryglus, ddirgel. Ond wedi cyrraedd adref byddai'r peth yn mynd o'm meddwl am ysbaid. Gartref yr oedd bywyd Saesneg i'w fyw a gwaith i'w wneud ar gyfer y tymor nesaf yn y coleg.

Wedi bod yn giwrad y Waun rhwng Wrecsam a Chroesoswallt am bedair blynedd, penderfynais briodi. Nid oedd ar y Ficer eisiau ciwrad priod. Rhaid felly cael rhywle arall i fyw ynddo. Yr oedd gofalaeth ym Maelor Saesneg yn wâg ar y pryd, a chan fod 'na dŷ hwylus, yno yr aethom, i ganol gwastadeddau Lloegr i bob pwrpas—y rhan honno o swydd Fflint sydd rhwng Wrecsam â Sir Gaer. Ac oddiyno ryw bymtheg milltir i ffwrdd gwelais fryniau Cymru'n codi gyda'r hwyr, gan sôn am bethau hudol a dirgel megis cynt. Sylweddolais beth oeddwn wedi ei wneud. Nid dyna fy lle ar y tir gwastad ymhlith Cymry Seisnigaidd eu hacen a'u hagwedd. Euthum ati i ddysgu Cymraeg, er mwyn cael dod yn ôl i wir Gymru fy nychymyg. Deuthum ymlaen yn araf, yn rhy araf i fod yn barod am blwyf Cymraeg. Rhois gynnig ar ddau blwyf, ond gwrthododd y ficeriaid fy helpu. Euthum ymlaen, gan fynd i Langollen bob wythnos at Iorwerth Roberts, i gael gwers awr ganddo. Ond nid oedd neb i mi siarad ag ef trwy gydol yr wythnos, ac araf oedd y cynnydd o hyd. Ond ymhen dwy flynedd daeth Manafon, plwyf gwledig ym Maldwyn yn wâg, ac yno yr aethom i'r Rheithordy, ar lan afon Rhiw. Nid oedd y Gymraeg i'w chlywed ym Manafon 'chwaith, ond yr oedd y lle yng nghanol y bryniau a phan ddeuai'r llifogydd i lawr o'r gweundir a phan ehedai'r cymylau heibio, teimlwn yn wir fy mod wedi dod yn ôl i Gymru.

Yr oedd Manafon yn agoriad llygad i mi. Yma y deuthum yn ymwybodol o'r gwrthdrawiad sydd rhwng y breuddwyd a realiti. 'Bourgeois' bach oeddwn i, wedi fy magu'n rhywiog, gyda nôd clust yr Eglwys a'r llyfrgell arnaf. 'Roeddwn wedi gweld y wlad yma o'r trên gyda'r hwyr trwy sbectol rhamantus. Cefais fy hun bellach ymhlith pobl galed, materol, gweithgar, a fyddai'n mesur ei gilydd wrth yr acer ac wrth y bunt ; Cymry oedd wedi troi cefn ar eu treftadaeth, a mynd i farchnata yn y Trallwng a Chroesoswallt a'r Amwythig ; ffermwyr y llethrau oer, llwm, oedd yn breuddwydio am hel digon o bres i symud i fferm fwy ffrwythlon ar y gwastadeddau. Ac eto ardal hen ffasiwn ydoedd i ryw raddau. Pan euthum yno ym 1962 nid oedd yr un tractor yn y lle. Gweithiai'r dynion gyda'u dwylo, yn hofio, yn cneifio, yn hel gwair a thorri'r gwrychoedd. 'Roedd y ceffyl mewn bri o hyd. Yr oedd efail yno ; 'rwy'n medru clywed tinc yr einion o hyd a gweld y gwreichionyn yn tasgu. 'Rwy'n cofio'r bodau unig yn y meysydd yn hofio neu'n tocio rwdins awr ar ôl awr. Beth oedd yn eu pennau, tybed. Mae'r cwestiwn heb ei ateb hyd heddiw.

Yr oedd Manafon mewn pant. 'Doedd dim pentref yno, dim ond eglwys, ysgol, siop a thafarn, a chodai'r bryniau o gwmpas i rywle dros fil o droedfeddi. O gopa'r bryniau yr oedd golygfeydd syfrdanol. Ymhell i'r gogledd-orllewin yr oedd Cader Idris i'w weld, i'r gogledd Aran Mawddwy ac Aran Benllyn gyda'r Berwyn yn fwy i'r dwyrain. Ar ddiwrnod clir yr oedd Cymru dan eich traed fel bwrdd wedi ei hulio i'ch plesio chi. Os yw Môn yn lle am weld Arfon, yn sicr y mae bryndir Maldwyn yn llwyfan i weld gogoniant Meirion.

Pedair milltir i fyny'r cwm ar fin y gweundir yr oedd capel lle roedd y Gymraeg yn brif iaith y gynulleidfa.

Gelwais heibio'r gweinidog a gofyn iddo fy helpu efo'r iaith. Y Parchedig D. T. Davies oedd hwn a chefais groeso ar ei aelwyd. Ymbalfalais ymlaen. Weithiau ar ôl cyfarfod neu Whist Drive ym Manafon, byddwn yn clywed rhai o'r bobl yn sefyll yn y tywyllwch ac yn siarad Cymraeg, a gwyddwn eu bod wedi dod i lawr o'r tyddynod bach o gwmpas yr Adfa a Chefncoch. Meddyliais amdanynt yn mynd yn ôl i'w cartrefi ar ymyl y gweundir. Atgyfododd y breuddwyd am sbel, a thrannoeth byddwn yn mynd am dro hir yn y gweundir hwnnw a chyfarfod â rhyw ffermwr defaid yn edrych am ei braidd. Torri gair neu ddau wedyn yn Gymraeg ond yna gorfod llithro'n ôl i'r Saesneg. Petae'r iaith gennyf pan euthum i Manafon, buasai'n haws eu denu nhw i'w siarad oblegid yr oedd nifer ohonynt yn ei medru hi o hyd. Cymraeg oedd enw pob fferm a phob teulu, ond acen sir Amwythig oedd ar y rhan fwyaf ohonynt gyda rhyw gymysgedd rhyfedd iawn o briod-ddulliau Cymraeg. Ond i un oedd â diddordeb mewn iaith ac yn gorfod ei fynegi ei hun trwy'r Saesneg peth amheuthum oedd cael gwrando arnynt weithiau. Am y tir a'r stoc a'r tymhorau y byddent yn sgwrsio, a chanddynt hwy y clywais am y tro cyntaf eiriau garw ond prydferth y ffermwr Saesneg. Ganddynt hwy hefyd dechreuais ddysgu ffeithiau bywyd y wlad megis. Yr oedd eu safonau yn syml ac yn amlwg. Yr oedd dyn yno i wneud gwaith da ar y tir. Os oedd y gwair yn barod i'w gario, rhaid oedd ei hel yn ddiymdroi. Yr oedd rhaid tendio'r anifeiliaid er mwyn yr elw a ddeuai o wneud hynny. Nid oedd gronyn o dynerwch na sentiment yn y peth. Os bu farw oen, nid oedd dim i'w wneud ond ei luchio i'r clawdd i'r brain gael eu gwala arno. Mater i'r Sul oedd crefydd. Ac os oedd esgus dros beidio â mynd i'r eglwys am fod buwch yn bwrw llo, gorau oll. 'Roedd

yn fwy cyfleus ac yn fwy pleserus efallai i edrych am y
defaid ar fore Sul, ac erbyn y nos cai'r merched fynd i'r
gwasanaeth tra byddai'r gwŷr yn aros o gwmpas y tŷ,
rhag ofn i rywbeth ddigwydd, wyddoch chi. Ond yr
oeddynt yn weithwyr egr, medrus. Yr oedd yn werth
gweld eu gwrychoedd wedi eu trwsio neu wedi eu plethu.
A chan fod y ffermydd ar lethrau'r cwm, yr oedd yn amlwg
i bawb sut oedd ei gymydog yn siapio. ' Mae Jones, Llwyn
Copa wedi plannu ei datws.' ' Mae'r Ffinnant wedi troi
eu cae pum acer yn dda '. Gwae'r neb oedd yn bwnglera
ei waith. Yr oedd y gybolfa'n amlwg i bawb. 'Roedd y
diddordeb hwn yng ngwaith a hynt ei gilydd yn gynhenid.
Synnwn yn aml pa mor dda oedd eu llygaid. A minnau'n
gadael drws rhyw fferm, byddai gwraig y tŷ'n dweud :
' Ho, mae Meri, Tŷ Brith, wedi golchi eisoes '. Byddwn
yn edrych i ble y cyfeiriai, ac yna, ryw filltir neu ddwy dros
y glyn, gwelwn res o ddillad yr un faint â llygad-y-dydd.
Pan fyddai rhywun yn mynd o gwmpas i hel pres at
achos da, byddent yn syllu'n dynn yn ei lyfr casglu i weld
faint oedd hwn neu hon wedi cyfrannu. Pe rhoisai ffermwr
can acer chweugain, byddai ffermwr hanner can acer yn
rhoi coron. 'Roedd hi mor syml â hynny.

Yr oedd ysbryd cas ar led yn y plwyf ; hen wenwyn
yn dal ac yn andwyo bywyd cymdeithasol y lle ; rhyw
anghydfod wedi codi ynghylch ewyllys rhywun ; neu
rywun wedi troseddu o fwriad neu ar ddamwain yn erbyn
rhywun arall ; a'r drwg yn aml yn waeth rhwng aelodau
o'r un teulu. Oherwydd hyn 'roedd hi'n amhosibl i
gynnal rhai gweithgareddau, oblegid pe gwyddai un
teulu bod aelodau o'r teulu arall yn debyg o fod yn bre-
sennol, nid aent yno. Yr oedd yn blwyf rhyfedd i symud
o'i gwmpas gyda'r nos hefyd. Heb na lleuad na sêr byddai
fel bol buwch weithiau, a phetaech chi'n pasio rhywun,

neu'n clywed grwp bach yn siarad yn ddistaw ym môn y clawdd, waeth i chi heb ddweud Nos da. Chaech chi ddim ateb. Yr oedd fel petaech chi'n ôl yn hen ddyddiau brwydrau'r gororau, a'r un hen ddrwgdybiaeth mor fyw ag erioed. Ac eto i gyd, cefais garedigrwydd mawr ganddynt yn bersonol. Un o ddirgelion y lle i mi oedd pam yr oeddynt mor amharod i roi pres at unrhyw achos, gan gynnwys yr Eglwys, ac eto'n barod i roi ymenyn ac wyau a chynnyrch fferm i mi. 'Roeddynt yn falch iawn o'ch gweld chi gyda'r nos. Yno y dysgais ei bod yn dda i ddim ymweld â neb ond y cleifion yn ystod y dydd. O doriad gwawr tan nos yr oedd gwaith dibendraw i'w wneud ar y fferm. Ond wedi godro, a rhoi tamaid i bob creadur, a chau ar yr ieir ac ymolchi a gwneud y tân i fyny yr oeddynt yn barod i'ch croesawu, a'r wraig efo chi os yn bosibl. Wedi geni fy mab, amhosibl oedd cael ganddynt ddeall pam na ddeuem ag ef gyda ni, gan fod eu plant nhw'n cael aros i fyny hyd nes yr aent hwythau i'r gwely. Buan y dysgais nad gwiw siarad lawer am grefydd a phethau fel yna. Y fferm a'r bywyd personol a hen atgofion a'r tywydd—dyna oedd y testunau. Yna ar ryw amser penodedig wedi cryn brysurdeb ar ran y merched, dyma'r gorchymyn ffurfiol, cwta braidd : Trowch at y bwrdd. A dyna wledd, i ni beth bynnag. Cig cartref, bara cartref, ymenyn cartref, tarten falau a chwarter peint o hufen drosto. Ac wedyn troi'n ôl at y tân coed ar yr aelwyd agored, a'r merched yn dyheu am rât fodern, hyll, a ninnau'n ceisio eu darbwyllo i beidio. Melys oedd eistedd o flaen y tân gyda'i rubanau fflam heb y cyfrifoldeb o orfod porthi a glanhau'r fath anghenfil. Yr oedd Manafon yn ddigon cyntefig y dyddiau hynny. 'Doedd dim dŵr yn y ffermdai, dim trydan, dim teliffon. Lampau oel y byddem ninnau'n eu defnyddio yn y Rheithordy a chael

dŵr o'r cae dros yr afon. Byddai'r ffynnon yn sychu yn
yr haf a darfyddai'r cyflenwad i'r tŷ. Yn y gaeaf byddai'r
bibell yn rhewi, ac yn ôl yn yr un cyflwr y byddem.
Ond yr hyn oedd yn braf oedd gadael y ffermydd ar ôl
noson ddifyr a chyfeillgar a dod allan dan y sêr gyda dim
ond sŵn yr afon danom fel y disgynnem i'r pant. Wedi'r
golau tu mewn, nid oedd hi'n hawdd cael hyd i'r llwybr
weithiau, a mynnai'r ffermwr ein hebrwng gyda'i lusern.
Yr un lampau y byddwn yn eu gweled pan oedd y mamog-
iaid yn bwrw eu hŵyn ym mis Mawrth. Collodd fy
rhagflaenydd ei ffordd yn llwyr ryw noson, ac wedi
chwarter awr o ymbalfalu aeth yn ôl at y fferm am help.

Ym Manafon y deuthum i weld y bwlch oedd rhwng
gwlad â thref. Palmentydd a macadam yw amgylchfyd
y trefwr, ond caeau a mwd a baw yw ffawd y gwladwr.
Yr oedd tyddyn ar ben y bryn ymhell o unrhyw lwybr
heb sôn am ffordd. Aeth y ffermwr yno'n wael, a daeth ei
gyfnither o'r Amwythig i'w weld o. Landiodd yn y
pentref fin nos mewn cot ffwr a sodlau uchel, a chanddi
fag mawr, trwm. Ni wyddai'r siopwr beth i'w wneud
â hi. ' Mae hon eisiau mynd i'r Waun ', meddai. ' Fedra'i
ddim mynd â hi. Fedrwch chi ? ' Cytunais, ac i ffwrdd
â ni dros y caeau gwlyb ac i fyny'r llwybr lleidiog. Aeth
y mwd yn waeth ac anadl y ferch yn brinnach. Bu rhaid
i mi arafu gryn dipyn, er mai y fi oedd yn cario ei bag.
Yr oedd ei hesgidiau a'i hosannau'n faw i gyd. Yr oedd
hi'n hollol anghymwys i roi tro ar y wlad. Dwn i ddim
a oedd y daith honno'n ddigon i'w pharatoi at y croeso a
gai. Yn fwy na thebyg byddai ieir dan y bwrdd, ac efallai
oen bach mewn bocs wrth y tân yn rhwbio ei drwyn yn
erbyn trwyn cath, gyda'r lamp yn mygu ac yn cadw
sŵn a llond tebot o de cryf yn stiwio wrth y pentan.

Dywedais fod y tywydd yn bopeth yng Nghaergybi.

'Roedd hyn yn wir i ryw raddau ym Manafon hefyd. Mae'n wir am y wlad i gyd, 'rwy'n credu. Byddwch yn byw wrth y tymhorau yno. Ac wrth gwrs mae mwy o amrywiaeth i'w gael nag sydd ar lan y môr. 'Roedd y gaeaf yn bur galed ym Manafon. Os oedd eira o gwmpas, 'roeddem yn siwr o'i gael. Yng ngaeaf mawr 1947 cawsom lond y lôn o'r tŷ at y ffordd fawr a methu mynd â'r car allan am naw wythnos. Byddai'n chwipio rhewi rai nosau hefyd, a'r gaeaf hwnnw cawsom 42 o raddau o rew un noson. 'Rwy'n cofio clywed y tŷ'n cracio fel y gafaelodd y rhew ynddo, ac erbyn y bore, 'roedd hi'n amhosibl gweld trwy'r ffenestr, mor dew oedd y rhedyn gwyn arni. Och, fel y byddem yn croesawu'r gwanwyn ar ôl y fath aeaf! gyda'r coed yn dechrau blaguro a'r brithyllod yn ôl yn eu lleoedd arferol yn yr afon loyw. Ac wedyn ar ôl haf hir a chynnes dyma'r dail yn dechrau lliwio, ac am ddau fis y byddai'r glyn fel gwlad y tylwyth teg, y coed ceirios yn rhuddgoch a'r ynn yn felyn. Yr oedd onnen fawr yng ngenau'r lôn at y Rheithordy a fyddai'n felyn i gyd erbyn mis Tachwedd. Daliodd y dail arni ryw hydref yn hwy nag arfer. Ond daeth rhew mawr ryw noson, a thrannoeth, fel y cododd yr haul, dechreuodd y dail gwympo. Dal i ddisgyn a wnaethant am oriau nes bod y goeden fel ffynnon aur yn chwarae'n ddistaw yn yr haul; anghofiaf i byth mohoni.

A phan ddeuai'r hydref byddai'r llwynogod yn dechrau cyfarth ac âi'r dynion ar eu holau. Rhyw hela rhyfedd iawn oedd tua Manafon a'r cylch. Dim ceffylau, wrth gwrs. Yr oedd y wlad yn rhy fynyddig. Na, hela ar draed oedd hi nes colli'r trywydd a'r cŵn, a chrwydro am oriau yn y gwyll. Yn aml iawn y clywais y corn yn canu'n uchel ar y llechweddau tua naw o'r gloch y nos, fel y chwiliai'r helwyr am eu cŵn. 'Roedd rhywbeth od iawn yn perthyn i'r peth, fel petae'r bobl bach wrthi'n hela llwynogod ffansi ymhlith y cymylau. A dyna i chi le am dylluanod ! Ar nosweithiau tawel y lleuad llawn, byddai'r glyn i gyd yn llawn canu'r gwdihŵ, fel petaent wedi dod yno i gynnal eisteddfod—sy'n dod a mi'n ôl at y Gymraeg. Ymadawodd gweinidog Yr Adfa â'r fro, ac yr oeddwn heb athro unwaith eto. Ond trwy drugaredd deuthum i gysylltiad a'r Parchedig H. D. Owen, capel Penarth ar ben y bryn rhwng Manafon a Llanfair Caer-einion, a chael croeso cynnes ar ei aelwyd ganddo fo a'i wraig Megan. Iddynt hwy'n bennaf yr wy'n ddyledus am y ffaith fy mod i'n medru'r iaith 'rwan. Bu'r cynnydd yn araf oherwydd diffyg pobl i siarad â nhw, ac ni fedrwch gymryd gormod o fantais ar groeso neb. Ond bob wythnos am flynyddoedd fe'm gwthiais fy hun ar y teulu caredig hwn, ac o dipyn i beth deuthum i siarad gyda llai o betrusder a checian. Daeth y prawf cyntaf, pan drefn-wyd i mi roi sgwrs i aelodau'r capel. 'Rwy'n cofio'r noson : y capel gyda'i lampau olew, y gwynt yn chwythu tu allan, a rhyw ugain o ffermwyr y fro a'u gwragedd wedi ymgynull i wrando ar y rhyfeddod hwnnw—Sais oedd wedi dysgu Cymraeg. Fe gyflwynodd Mr. Owen fi, gan ofyn i'r gynulleidfa beidio â chwerthin petawn i'n gwneud camgymeriad. Ffwrdd â mi wedyn am ryw dri chwarter awr fel llong wedi ei gyrru'n blith draphlith gan y gwynt. Deuthum i'r lan rywsut, rywsut, ac wedi tipyn o drafodaeth aeth pawb adref. Cerddais innau adref dan y sêr gan fwmian rhai o'r hen benillion telyn drosodd a throsodd, tra atebodd y gwynt fi yn y gwrychoedd. Ychydig ddyddiau ar ôl hynny, cyfarfûm âg un o gynull-eidfa'r noson honno. ' Synnais i, wir,' meddai, wrth gyfeirio at fy mherfformiad. Euthum ar fy ffordd mewn amheuaeth braidd. Beth oedd o'n ei feddwl, tybed ?

24

Y peth od am Manafon oedd ei fod yn edrych mor Gymreigaidd er nad oedd yr iaith yno bellach. Gwir bod pobl y dafarn ar noson ffair yn mynd adref yn hwyr y nos dan floeddio emynau dros y lle. Ond nid oedd y Gymraeg yn cael ei harfer ganddynt ond ar adegau. 'Roedd wedi diflannu o ysgol y pentref ers cyn dechrau'r ganrif, er yn aros dipyn bach yn hwy yn eglwys y plwyf. Ac wrth gwrs hen blwyf Gwallter Mechain a Phenfro a Ieuan Brydydd Hir oedd hwn, Cymry disglair bob un ohonynt. Hyn efallai, a'r afon fawnog yn llifo heibio a roddodd wedd Gymreig i'r ardal. Deuai i'm meddwl yn aml wrth wrando ar sŵn yr afon gyda'r nos, sawl rheithor oedd wedi gwneud yr un peth o'm blaen i, oblegid hen blwyf oedd Manafon, gyda'r cofrestri'n mynd yn ôl i'r bymthegfed ganrif. Yn wir 'roedd y cofnodion cynnar yn yr iaith Ladin, cyn troi nid i'r Gymraeg ond i Saesneg. A hyd yn oed yn nyddiau Cymry glew fel Gwallter Mechain Saesneg oedd iaith y cofnodion oll. Bu rhai o reithoriaid Manafon yn ddigon adnabyddus yn eu dydd, ond doniol oedd cof y plwyfolion amdanynt. Y Gwallter Mechain hwnnw, er enghraifft : Walter Davies iddynt hwy. Er ei fod yn fardd ac yn eisteddfodwr o fri ac yn awdur safonol ar amaethyddiaeth, enw consuriwr oedd iddo fo ym Manafon yn fy amser i. Hoffai hen wŷr y plwyf ddweud wrthyf fel y rhoddodd ef ddyn i sefyll ar garreg yn yr afon trwy'r nos i edifarhau am ryw ddrwg a wnaethai Ond pan welwn i'r lleuad lawn yn codi'n felyn uwchben Cae Siencyn byddai'n well gennyf fi gofio am fy rhag-flaenydd pell fel awdur yr englyn mwyaf perffaith yn yr iaith, yn nhyb llawer :

Y nos dywell yn distewi—caddug
　　Yn cuddio Eryri,
　　Yr haul yng ngwely'r heli,
　　A'r lloer yn ariannu'r lli.

25

MARTIN LLOYD JONES

Un o'r pethau anoddaf mewn bywyd yw sylweddoli'ch oedran. Yn ôl rhai y mae dyn mor hen ag y mae'n teimlo. Os felly, yr wyf llawer ifancach heddiw nag oeddwn yn llanc ugain oed ! Yn ôl y meddygon y peth sy'n penderfynu oedran dyn yw cyflwr ei ' arteries '. O drugaredd dôf allan o'r arbrawf yma eto yn hapus. A chyda llaw cofiaf am fy hen athro a'm meistr meddygol, y diweddar Arglwydd Horder, yn gwneud datganiad nodweddiadol ohono ef yn y cyswllt hwn. Mi es i'w weld ryw ugain mlynedd a rhagor yn ôl pan oeddwn yn teimlo'n orflinedig oherwydd gorweithio, i wneud yn siwr nad oedd dim difrifol o'i le arnaf. Pan gymerodd y ' blood pressure ' fe synnodd pan welodd ei fod mor isel, ac fe'i cymerodd yr ail waith. Ac yna, mi ddwedodd, ' That's all right. I always say that the great things in life are done by people of low arterial pressure and high nervous pressure '. Ond er y cwbl yna rhaid fy mod yn mynd yn hen neu ni fuaswn wedi cael gwahoddiad i roi'r sgyrsiau hyn.

Sut y teimlaf wrth edrych nôl ar yr hen lwybrau ? Caf bleser mawr wrth wneud hynny, a chofiaf amdanynt yn glir iawn. Ond carwn bwysleisio un peth—ni fynnwn fyned nôl trostynt am y byd i gyd. Cofiaf i mi fod yn un o ddau yn annerch y plant rhyw dro mewn ysgol ramadeg. Siaradodd y cyfaill oedd gennyf gynta, ac mi ddwedodd— ac yn hollol onest—y rhoesai'r byd i gael bod nôl yn lle'r plant. Yr oedd yn teimlo'n eiddigeddus ohonynt, ac yn oedd yn edrych nôl gyda hiraeth at yr hen ddyddiau. Pan ddaeth fy nhro i, bu rhaid i mi ddweud—i fod yn onest hefyd—fy mod yn anghytuno yn hollol â'm cyfaill. Yr

oeddwn yn cydymdeimlo â'r plant, ond hefyd, o drugar-
edd, yn medru rhoi cysur iddynt, a'r cysur oedd fod bywyd
yn gwella fel yr â ymlaen. Yr oeddwn yn siarad fel
Cristion wrth gwrs, a gallwn dystio fel yr Apostol Paul
gynt, fy mod yn ceisio 'anghofio y pethau sydd o'r
tu cefn, ac ymestyn at y pethau o'r tu blaen'. Ac nid yn
unig yn ceisio gwneud hynny, ond yn falch i wneud
hynny. I ddweud y gwir, y broblem fawr i mi ar hyd fy
mywyd yw nid cofio pethau, ond anghofio !

Ond er na fynnwn fynd nôl ac ail-deithio'r hen lwybrau,
caf ryw gymaint o bleser wrth edrych nôl dros rai o'r
golygfeydd. Tra bo dyn a'i olygon ar y dyfodol, ac yn
cyrchu at y nôd am gamp uchel alwedigaeth Duw yng
Nghrist Iesu mae yn gyfreithlon iddo edrych nôl. Y
truenusaf o ddynion yw'r sawl sy'n gorfod pwyso ar
atgofion i fyw yn y presennol, ac heb obaith yn y byd
am y dyfodol. Mae gwahaniaeth rhwng bod—"existence"
—a byw ; a gogoniant Cristnogaeth yw ei bod yn rhoi
bywyd, a bywyd sydd yn datblygu ac yn cynyddu.

Wel, beth yw'r atgofion ? Y peth mawr sydd yn sefyll
allan yw symud a newid cartref. Erbyn fy mod yn bum
mlwydd oed yr oeddem wedi byw mewn tri chartref.
Yr oedd dau ohonynt yng Nghaerdydd lle'm ganwyd i.
Cofiaf am y cyntaf yn dda iawn,—pe bai yn unig am fy
mod yn cofio syrthio un tro o ben y grisiau i'r gwaelod.
Cofiaf hefyd am fod mewn rhyw ysgol fach breifat lle y
cefais hyfforddiant mewn rhywbeth sydd wedi bod yn
atgas gennyf fyth oddiar hynny, sef, dawnsio !

Am nad oedd bywyd y dre yn cytuno â iechyd fy nhad,
penderfynwyd symud i'r wlad ; ac am fod cyfle da wedi
dod i werthu'r busnes fe wnawd hynny ; ond am nad
oedd lle newydd wedi dod i'r gorwel symudasom i fyw
i dŷ preifat reit agos i'r hen gartre. Buom yno am rai

misoedd, ac yna, symud i Langeitho a minnau yn ryw bum mlwydd a thri mis oed.

Nid rhyfedd fod y cwbl yma wedi gadael argraff ddofn arnaf, argraff sydd wedi para gennyf ar hyd fy mywyd. Dyma, mae'n debyg, sy'n cyfrif am y ffaith mae testun un o'r pregethau cyntaf a gyfansoddais oedd, 'Nid oes i ni yma ddinas barhaus, eithr un i ddyfod yr ym ni yn ei ddisgwyl'. Yr oedd hynny'n amlwg i mi ar y lefel naturiol cyn i mi sylweddoli'r gwirionedd ysbrydol. Fel yna oedd hi ar y dechrau, ac fel yna mae hi wedi bod arnaf ar hyd y blynyddoedd. Yr wyf newydd sylweddoli fy mod wedi byw mewn un ar bymtheg o wahanol dai, a hynny heb gyfrif 'Lodgings'. Y canlyniad yw fy mod yn ymwybodol iawn bob amser o ansicrwydd ac ansefydlog-rwydd bywyd, ac mae 'dieithriaid a phererinion' ydym yn y byd a'r bywyd hwn.

Ond dyma'r coelbren yn disgyn yn Llangeitho, a ninnau fel teulu yn ffurfio cartref newydd—tad a mam a thri o fechgyn. Yn anffodus iawn yr oeddwn nid yn unig yn rhy ifanc i brofi diwygiad 1904-5, ond hefyd dan yr anfantais o fethu deall Cymraeg. Am reswm arbennig—ac mewn ystyr, hollol ddamweiniol—er nad oedd fy rhieni yn siarad dim â'i gilydd ond Cymraeg, yr oeddynt wedi'n magu ni yn Saesneg. Cofiaf yn dda iawn ymhen ryw flwyddyn wedi i ni symud i Langeitho a minnau'n chwarae gyda nifer o blant y tu allan i'r ysgol ddyddiol i mi erfyn arnynt i beidio siarad Saesneg â mi mwyach gan ddweud "Siarada Gymraeg a fi—'rwy'n Gymro nawr!"

Yr oedd ein bywyd cartrefol yn un hapus iawn. Y cof cliriaf sydd gennyf yw fod llond y tŷ o bobl yno bob amser. Y rheswm penna am hyn—ar wahân i'r ffaith fod fy nhad a fy mam wrth eu bodd yn croesawu ffrindiau ac eraill i'r tŷ i gael bwyd ac ymgom—oedd mai tŷ busnes oedd ein cartref. Fel siopau eraill yn y wlad yr oeddem yn gwerthu pob math o nwyddau ac at hyn yr oedd fy nhad yn arloesydd mewn gwerthu peiriannau, megis, erydr, separators, mashîn lladd gwair a 'binders' at y llafur. Ac yn fuan iawn hefyd fe gychwynnodd math o Creamery—'Hufenfa'. Yr oedd dau was gennym yn mynd o amgylch y wlad i grynhoi ymenyn oedd heb ei halltu. Yna yr oedd y cwbl yn cael ei gymysgu a halen yn cael ei ychwanegu, ac yna yr ymenyn yn cael ei osod mewn bocsis a'u hanfon i wahanol siopau a 'Cho-operatives yn Sir Forgannwg. Gwerthwyd yr ymenyn dan yr enw 'Vale of Aeron Blend'.

Dwedaf hyn er mwyn esbonio sut yr oedd cymaint o bobl bob amser yn ein tŷ ni. Yr oeddem yn delio nid yn unig â ffermwyr ardal Llangeitho, ond hefyd Tregaron, Llanddewi Brefi, Penuwch, Bwlchyllan, Abermeurig, Llwyngroes a hyd yn oed ymhellach. At hyn byddai trafaelwyr a oedd yn gwerthu gwahanol nwyddau yn galw gyda ni'n gyson—ac yr oedd yn rhaid i bawb gael tê neu swper. Nid oes eisiau dweud fod bywyd felly yn un eithriadol o ddiddorol i blant. Cymerem ddiddordeb mawr yn y gwahanol gymeriadau a'u hynodion. Cofiaf sut yr oeddem yn edrych ymlaen yn arbennig iawn at ddyfodiad rhai ohonynt oherwydd eu ymadroddion nodweddiadol. Er enghraifft, sylw un ohonynt bob amser oedd, beth bynnag a ddywedid—"Be chi'n siarad". Un arall "Cerwchôna". Drachefn "Folon marw nawr".

Does dim sy'n fwy diddorol na chymeriadau gwreiddiol naturiol—yn anffodus mae addysg bron â'u difetha. Cofiaf un prynhawn i mi fod gyda'n nhad yn y trap a'r poni ar ein ffordd i geisio gwerthu 'separator' i fferm ryw chwe milltir o Langeitho i gyfeiriad y Mynydd Bach. Dau hen lanc oedd y ffermwyr a'r hynaf, wrth gwrs oedd y meistr. Yr oedd ef y meistr yn fwy ceidwadol na'i frawd ac yn anffafriol iawn i'r peiriant newydd ; a'r llall ar yr ochr arall yn awyddus iawn i'w gael. Gyda'n bod ni'n gadael yr heol ac yn troi i'r lôn oedd yn arwain i'r fferm, dyma'r brawd ifanca yn ein cyfarch. Yr oedd wedi bod yn ein disgwyl : "Mr. Jones," meddai, "does ond un ffordd i chi werthu separator yma, a hynny yw i fi siarad yn gryf yn ei erbyn. Yr oeddwn yn awyddus i chi beidio â chamddeall pan y byddai'n gwrthwynebu." Ac yna mi aeth o'r golwg a ninnau yn ein blaen at y tŷ. Dyma'r brawd hynaf yn dod allan a nhad yn dechrau ar y fusnes. Ymhen rhyw ddeng munud —a'r cwbl yn ymddangos yn anobeithiol—dyma'r brawd arall yn dod ymlaen a golwg braidd yn sarrug arno, a'i frawd yn gofyn iddo "Beth wyt ti'n feddwl am y separator yma". A dyma yntau yn ôl y cynllun yn gwrthwynebu'n gryf. Nid oes eisiau dweud i ni werthu'r separator.

Pwnc oedd yn cael ei drafod yn gyson ar yr aelwyd oedd 'politics'. Yr oedd fy nhad yn rhyddfrydwr selog iawn, ac yn y dyddiau hynny yn edmygydd di-ddiwedd o Lloyd George—er iddo droi lawn gymaint yn ei erbyn o 1915 ymlaen. Anaml iawn y byddai Tory yn troi i mewn ond yr oedd mam yn bleidiol iawn i'r safbwynt yna. A phan gawsai ryw gymaint o gefnogaeth gan ymwelydd byddai'r ddadl yn boeth iawn. Anodd yw sylweddoli heddiw y ffydd oedd gan ein tadau mewn gwleidyddion. Cofiaf un prynhawn yn union wedi Budget 1909 i mi fod yn y trap gyda'm tad ac un o'n cymdogion gyda ni. Yr oedd hwnnw wedi ei fagu yng nghanolbarth Sir Aber-teifi, ac felly'n Undodwr. Cofiaf o hyd am y sioc a gefais pan glywais ef yn sylwi wrth fy nhad ei fod yn sicr y byddai i Lloyd George wneud mwy o les na Iesu Grist am fod gwell cyfle ganddo. Druain ohonynt. Mae

gennyf gof clir iawn am y ddau etholiad yn 1910. Yn un
ohonynt—os nad yn y ddau—yr oedd y gŵr a ddaeth
wedi hynny yn Syr George Fossett Roberts yn sefyll fel
ymgeisydd dros y Toriaid yn erbyn Mr. Vaughan Davies
(Arglwydd Ystwyth), ein haelod seneddol. Bragwr oedd
Mr. Roberts o Aberystwyth. Nid wyf yn cofio dim o'r
areithiau ond rwy'n cofio'n dda iawn na chafodd Mr.
Fossett Roberts siarad o gwbl pan ddaeth i annerch cyfarfod
a gynhaliwyd yn yr ysgol ddyddiol ryw noson. Y foment
yr oedd yn agor eu wefusau dyma rai o'r bechgyn rhydd-
frydol yn torri allan i ganu—a llawer yn ymuno gyda nhw
        "Vaughan Dafis ydyw'r dyn, Vaughan Dafis ydyw'r
    dyn,
    Ffarwel i wr y gasgen, Vaughan Dafis ydyw'r dyn."
Daliodd Mr. Roberts ati i geisio siarad am ryw ugain
munud, ac yna rhoddodd y gorau iddi. Ofnaf fy mod
yn un o'r rhai a'i dilynodd gan ganu'r rhigwm hyd nes
y gadawodd y pentre yn ei fodur. Rhaid cyfaddef fod
hyd yn oed y Cardi—yn ddiamau y mwya deallus a
deallgar o blant Cymru—yn syrthio weithiau.

    Yr oedd Llangeitho fel llawer i bentref arall yn gyfoethog
o gymeriadau. Amser a balla i mi sôn ond am ryw dri
ohonynt. Un o'r mwya gwreiddiol oedd y crydd—neu
y ' boot ' fel y'i gelwid gan rai. Yr oedd ei weithdy yn
llawn bron bob amser, a hynny am lawer rheswm. Un
oedd ei fod yn siarad cymaint fel y tueddai i esgeuluso'i
waith ; a'r unig ffordd i wneud yn sicr y caech ail-
feddiant o'ch esgidiau oedd aros yn y gweithdy hyd nes y
byddai wedi cwblhau'r gwaith arnynt. Yr oedd y crydd
yn smociwr mawr, a chanddo am ryw reswm bibell
mersham. Un o'r pethau a'i nodweddai oedd ei fod yn
boerwr artistig. Ni welais neb erioed yn poeri gymaint—
nid yn unig y nifer o boeriadau, ond maint pob poerad.

31

Yr oedd yn eistedd ar ei fainc yn y bore—nid yn fore iawn—ac ar unwaith yn tanio'i getyn. Yna, yn sydyn, disgynai poerad anferth o gornel chwith ei geg i'r llawr ar y chwith. Disgynnai'r nesa ychydig bach iawn i'r dde o'r cynta, ac yn y blaen hyd nes y byddai'r ola' tua'r nos yn disgyn o gornel dde i'w geg, a phatrwm perffaith o boeriadau ar y llawr ! Prif nodwedd ei gymeriad oedd ei ddireidi a'i hiwmor cynnil, cyfrwys. Yr oedd yn siaradwr huawdl a chai bleser mawr wrth dynnu coes ambell i wladwr syml—ond heb yr un gradd o greulondeb fyth.

Yr oedd yn greadur caredig ac annwyl iawn. Dyma un siampl o'i ddawn. Un diwrnod aeth ffermwr at y crydd mewn gofid mawr. Yr oedd ei ferch hynaf wedi methu mewn arholiad yn yr ysgol ganol-raddol yn Nhregaron. ac yr oedd hi druan bron a thorri'i chalon. Nid dyna'r tro cyntaf iddi fethu, a bob tro yr oedd yn methu yn yr un pwnc—sef Algebra. Nid oedd ef, y tad, yn deall y peth, ac yr oedd wedi dod at y crydd i gael gwybodaeth a chysur. Dyma fe'n cyfarch y crydd gan ofyn, "Beth yw'r Algibra ma ma'r groten yn ffaelu ynddo o hyd ? Beth yw e ? " A dyma'r crydd ar unwaith yn dechrau esbonio ac yn dweud, "O ! Algibra ! Meddylia nawr am dren yn gadael Aberystwyth a deg-ar-hugain o deithwyr ynddo. Mae'n dod i Lanrhystyd Road a dau yn mynd mas a un yn mynd miwn. Wedi cyrraedd Llanilar, tri yn mynd mas a neb yn mynd miwn. Trawscoed, dou yn mynd mas a neb miwn. Strata Florida, un yn mynd mas a neb miwn. Tregaron, pump yn mynd mas a chwech yn mynd miwn. Yna o stesion i stesion nes eu bod yn cyrraedd Bronwydd Arms, lle'r aeth dwsin i mewn, ac o'r diwedd dyma'r tren yn cyrraedd Caerfyrddin. Nawr, dyma'r pwnc, dyma'r broblem, dyma'r cwestiwn—Beth oedd enw'r guard ? " "Diar mi" meddai'r ffermwr "does dim rhyfedd fod y groten yn ffaelu druan." Ac mi aeth adref i gydymdeimlo â'r ferch. Yr oedd y crydd yn graff iawn ac yn adnabod ei gwsmeriaid i'r dim.

Dyn hollol wahanol oedd ' Stifin y Fro '. Dyn tawel, dipyn yn ecsentrig a distaw, ond ar yr un pryd, yn dipyn o athrylith. Prin y byddai yn eich cyfarch wrth basio ar y ffordd, ond yr oedd yn ddarllenwr mawr a phan byddai pawb arall wedi methu rhoi ateb boddhaol yn yr holi ar ddiwedd yr Ysgol Sul ganddo ef y byddai'r ateb cywir. Pan siaradai yr oedd yn medru dweud pethau llym a bachog. Un amser yr oedd Stifin wedi dyfeisio'r hyn a alwai yn ' kicking crank '—dyfais i droi'r olwyn garreg at hogi cyllyll gyda'i draed, fel y medrai ddefnyddio ei ddwy law i gydio yn y gyllell neu beth bynnag arall oedd i gael ei hogi. Yr oedd pawb yn y pentre yn galw i weld y ddyfais ac yn eu plith ŵr ifanc tuag ugain oed—bachgen oedd yn hoff iawn o bryfocio Stifin. A dyma hwn yn gwawdio'r ddyfais a'r dyfeisiwr. Dioddefodd yr hen Stifin am beth amser, ond dyma fe'n cynhyrfu o'r diwedd ac yn estyn cic a'i droed dde at y gwatwarwr gan ddweud "Dwi i ddim yn broffwyd nac yn fab i broffwyd, ond ma gen i awdurdod i fwrw allan gythreuliaid—cer mas."

Ond y cymeriad hoffusaf gennyf fi a'm brodyr oedd Rhys Rowlands. Hen lanc tua thrigain oed yn ein hamser ni, a oedd yn byw gyda'i frawd John a oedd dipyn yn hŷn. Ffermwyr oeddynt, ond erbyn hyn yr oedd Rhys yn ' relieving officer ' a chofrestrydd, ac wedi gadael y fferm ac yn byw mewn tŷ yn y pentre. Dyn byr o gorffolaeth, pen moel, mwstas llawn a hirach na'r cyffredin, cerddwr eithriadol o gyflym a chanddo'r wên fwya' swynol a chyfareddol am wn i a welais erioed. Dyna'r storïwr gorau a adnabûm. Yr oedd wedi perffeithio'i ddawn ar hyd y blynyddoedd, ac fel pob gwir storïwr

yr oedd ganddo gof eithriadol am fanylion. Nid oedd
unrhyw bwynt fel arfer i'r stori, nag unrhyw wers ; dim
ond adrodd rhyw ddigwyddiad yn ei hanes ; ond yr oedd
ei ddawn yn gyfryw nes ein dal megis ar flaenau'n traed
a'n gwefreiddio. Byddai Rhys Rowlands yn troi i mewn
i'n tŷ ni bob nos Sul ag eithrio'r mis pan y byddem yn
' cadw'r mis ', sef lletya'r pregethwyr dieithr. Gwelaf ef
nawr yn dod i mewn a'i lyfr hymnau dan ei gesail, ac yn
gosod ei het—bowler hat bob amser—ar y llawr wrth ei
ochr. Yr oedd mewn brys mawr ; nid oedd amser
ganddo i aros—just galw. Nid wyf yn cofio iddo yfed
cwpaned o de erioed yn ein tŷ ni, heb sôn am gymryd
pryd o fwyd. Yr oedd ef hefyd yn smociwr mawr—ac yn
artist wrth y gwaith. "Red Seal" oedd ei hoff faco, ac
wedi tanio yr oedd yn tynnu'r mwg i mewn i'w geg gyda'r
fath rym nes bod ei fochau bron a mynd yn dyllau. Yna
mi chwythai'r mwg allan gyda'r un grym gan chwifio'r
bibell yn yr awyr yr un pryd. Yr oedd fy nhad yn gwybod
i'r dim sut oedd ei dynnu allan i ddechrau ar stori, a
ninnau'r bechgyn yn disgwyl yn eiddgar am ei glywed yn
dechrau arni. Amhosibl yw rhoi syniad o'i ddawn gyfar-
eddol ; ond dyma gynnig ati. Soniai fy nhad am rywun,
a gofyn iddo a oedd yn ei adnabod. "Ie, stopiwch chi
nawr," meddai Rhys "ma siwr o fod pymtheg mlynedd
oddiar hynny. Ond wi'n cofio'n iawn fy mod i'n gorfod
mynd i Dregaron ar ddydd Mawrth ym mis Bach, rwy'n
credu oedd hi. Beth bynnag mi benderfynais roi'r
gaseg fach felen odd gyda ni ar y pryd yn y trap—merch
yr hen gaseg wine fuodd gyda ni am flynydde ac wrth
y march hackney oedd gyda'r hen Ddafydd (fy nhadcu
oedd yn byw yn Llwyncadfor oedd hwnnw) ar y pryd.
Beth oedd i enw e? Beth bynnag, mi rho's hi yn y trap ;
ac wi'n cofio pan o'n i'n cerdded lan i'r rhiw ma, fod hi'n

bwrw ryw law mân ôr." Dwedai beth fel yna gyda'r
fath bwyslais a theimlad nes ein bod bron a dechrau crynu
gan oerfel. Yna fe âi ymlaen i ddweud ei fod wedi pasio
hwn a hwn. Yna fe gaem ddisgrifiad o'r poni neu'r goben
neu'r ceffyl oedd gan hwnnw, ac nid yn anfynych y
manylion am linach y creadur. Yn dilyn hyn byddai'n
rhoi crynodeb o sefyllfa ariannol y gŵr hwn, neu'n dweud
rhyw stori am ei garwriaeth â rhyw ferch neu'i gilydd
neu rhywbeth felly. Ac yn y blaen, ac yn y blaen, yn
llythrennol am awr neu ddwy—ac weithiau rhagor—nes
o'r diwedd yr oedd wedi cyrraedd Tregaron a chyfarfod
â'r gŵr a enwyd gan fy nhad ar y cychwyn. Yna rhoesai
ddisgrifiad o'r dyn yma—ei olwg, a'i wisg ac yn y blaen.

Gwelai Rhys Rowlands, bopeth yn ddu neu yn wyn, ac
yn enwedig pobl. Yr oedd pawb naill ai'n berffaith neu'n
hollol ddibwys a dirmygedig. Yr oedd yn datgan ei farn
ar bobl mewn ffordd eithafol iawn. Yr oedd dyn naill
ai'n un o'r mwya neu'r creadur lleia a fagodd Cymru
erioed. Weithiau wedi iddo fod yn bychanu rhywun yn
bur anghymedrol fe dorrai gwên dros ei wyneb, ac
edrychai fel plentyn euog.

Rhaid dweud un stori amdano am ei bod yn llythrennol
wir. Yr oedd wedi bod yn y 'ffynhonne', sef Llanwrtyd,
un flwyddyn, ac wedi syrthio mewn cariad â merch oedd
yn byw yno. Yr oedd wedi cael tipyn o'i chwmni ac yn
teimlo'n sicr mai hi fyddai'n wraig iddo. Yn ogystal â
bod yn deg ei golwg yr oedd, fel y dwedid, ' poced fach '
ganddi hefyd. Ond wedi dychwelyd gartre yr oedd Rhys
mewn anhawster—y cwestiwn oedd sut oedd ysgrifennu
ati a pharhau'r garwriaeth. Nid oedd ef yn ddigon o
sgolor i ysgrifennu drosto'i hun, neu beth bynnag, i wneud
hynny heb ddieithrio'r fwynwen. Doedd ond un peth i'w
wneud, a hynny oedd gofyn i'w weinidog, a'i gyfaill i

ysgrifennu ati yn ei enw ef a throsto. A dyma'r gweinidog yn cymryd at y gwaith ; ond wedi peth amser—ac heb yn wybod i Rhys druan—yn dechrau ysgrifennu ar ei ran ei hunan. Diwedd y stori oedd i'r gweinidog briodi'r ferch. Erbyn ein dydd ni, hi oedd gwraig barchus ac annwyl iawn ein gweinidog. Beth am Rhys druan ? Maddeuodd i'r ddau, ac nid oedd neb yn y capel yn meddwl mwy o'r gweinidog nag ef. Bu'r wraig farw tua 1909, a phan ddaeth amser y gweinidog i ffarwelio â'r byd yma, tua 1919, bu farw ym mreichiau Rhys Rowlands. Coffa da amdano.

Adeg Nadolig 1918 yn union wedi diwedd y Rhyfel Byd Cynta perswadiodd fy nhad yr hen greadur annwyl i ddod i aros gyda ni am ryw bythefnos yn Llundain. Yr oeddem yn gobeithio y byddai iddo deithio yn ei drowsus byr penlin—britis—du a gwyn check, ac felly y bu. Cawsom wledd o siarad a storïau. Un prynhawn yr oedd fy mrawd Vincent a minnau'n ceisio dangos tipyn o Lundain iddo. Yr oeddem go gyfer ag Abaty Westminster ac yn ceisio tynnu ei sylw at yr adeilad hynafol byd-enwog. Ond ar yr un pryd, digwyddodd fod fen neu gart o'r eiddo i fracty enwog a dau geffyl mawr trwm (shire) yn ei dynnu yn myned heibio. Yr oedd y gystadleuaeth yn hollol annheg. Dyma Rhys yn troi ei gefn ar yr Abaty a chyda'i lygaid yn pefrio dyma fe'n dweud "Bois bach, dyna chi ddou geffyl smart. Yr oedd yn werth i fi ddod i Lundain i'w gweld nhw.' Fe awn i lawer pellach nag o Lundain i Langeitho i glywed Rhys Rowlands yn dweud stori unwaith eto. Beth yw teledu a radio i'w cymharu a pheth fel yna !

Beth am grefydd Llangeitho ? Yr ateb yw mai crefydd a chrefydda yn unig oedd yno—nid Cristnogaeth. Dyn deddfol, moesol oedd ein gweinidog—hen ysgolfeistr.

Nid wyf yn cofio iddo bregethu'r Efengyl erioed, ac nid oedd syniad am efengyl gan neb ohonom. Edrychai ef a'r pen blaenor John Rowlands arnynt eu hunain fel ysgolheigion. Yr oedd y ddau wedi bod allan o gyd-ymdeimlad yn llwyr â'r Diwygiad, ac yr oeddynt ill dau nid yn unig yn wrthwynebus i unrhyw bwyslais ysbrydol, ond hefyd hyd yn oed i bopeth poblogaidd. Edrychid ar rai a ddaeth gartref ar eu gwyliau o Sir Forgannwg pan fyddent yn sôn eu bod wedi cael eu hachub, fel penboethiaid neu ynfydion o'r Sowth. Nid oedd cyrddau blynyddol yn perthyn i'r capel, na'r pregethwyr mawr yn cael eu gwahodd. Ni fuasem wedi clywed y Dr. John Williams a T. C. Williams, Menai Bridge, onibai i'r Sasiwn gael ei chynnal yn Llangeitho ym Mehefin 1913. A'r unig reswm am hynny oedd fod y Sasiwn wedi hawlio dod yno er mwyn dathlu dau can mlwyddiant geni Daniel Rowland. Er bod côf-golofn i Daniel Rowland yno, yr oedd ei ddylanwad wedi diflannu ers blynydd-oedd—ac "Ichabod" wedi'i ysgrifennu ar draws y cwbl, o'r saf bwynt ysbrydol. Er fod cynulleidfaoedd mawr yn dal i ymgynnull ar y Sul, fore a hwyr, grym traddodiad yn unig oedd i gyfrif am hynny. Yr oedd Llangeitho wedi colli tân a gorfoledd y Diwygiad Methodistaidd i'r un graddau ag y mae Westminster Abbey yn amddifad o fywyd a gwefr yr Eglwys Fore—"Y gogoniant a ym-adawodd o Israel."

Rhaid i mi sôn am y lle arall sydd â lle mawr iawn yn f'atgofion fel plentyn hyd nes i mi gyrraedd tair ar ddeg oed—a hwnnw yw Llwyncadfor. Dyna enw cartref fy nhadcu ar ochr fy mam. Yno yr awn i dreulio'r gwyliau i gyd, ar wahân i adeg y Nadolig—ac nid oedd dim yn rhoi mwy o bleser i mi na hynny. Fferm gymharol fawr yw Llwyncadfor yn agos i Gastell Newydd Emlyn, ond yn y dyddiau hynny nid fferm yn unig oedd yno ; yr oedd Llwyncadfor yn ' stud farm ', h.y. fferm i fagu ceffylau. Yr oedd fy nhadcu yn arbenigwr yn y mater yma ; ac wedi dechrau gyda'r cobyn Cymreig, dechreuodd gadw ceffylau trwm, neu cart (shires), ac yna ceffylau ysgafn (hackneys). Efe oedd yn gyfrifol am ddod â'r ddau deip ola' i Sir Aberteifi. Yr oedd nifer o feirch o'r gwahanol fridiau yno, a stablau unigol a elwid yn ' boxes ' wedi eu hadeiladu ar eu cyfer ar hyd ac ar draws y clôs, ac hefyd yn y caeau oedd yn agos i'r tŷ. Yr oedd wedi magu llawer o geffylau a oedd yn cael eu dangos yn y gwahanol sioeau, rhai mewn harnais ac eraill tan gyfrwy neu mewn llaw. Erbyn f'amser i yr oedd pedwar neu bump o'r meibion yn gweithio gartref, pedair neu bump o fodrybedd hefyd, ac atynt hwy, pump neu chwech o ' grooms ' yn trin y ceffylau heb sôn am y gweision oedd yn gweithio ar y tir. Yr oedd Llwyncadfor yn wir yn debycach i bentref bychan nag i fferm. Gwelaf y gweision yn eistedd o amgylch y ford yn y gegin fawr—llond bord ohonynt, ac yna'r teulu yn bwyta mewn cegin arall, a'm tadcu yn bwyta ar ei ben ei hun yn y gegin orau. F'awyddfryd i a'm huchelgais yn y dyddiau hynny oedd cael bod yn ' groom ' a threuliais f'amser yno yn cario bwcedau o ddŵr ac o fwyd i'r ceffylau. Weithiau cawn y pleser eithriadol o eistedd yn y ' four-wheeler ' gyda'm hewythr Tom ac yntau yn ymarfer un o'r goreuon ar gyfer y Sioe fawr—y Welsh National neu'r United Counties yng Nghaerfyrddin neu'r Bath and West yn Lloegr. Cofiaf i mi arwain droeon rhai o'r ceffylau mwya' tawel i Stesion Henllan i'w gosod mewn box ceffylau i fynd gyda'r trên i un o'r sioeau mawr yna. Byddent yn cyflogi trên iddynt hwy eu hunain—gan nifer y ceffylau oedd ganddynt i gystadlu. A bron yn ddi-ffael yr oeddynt yn

cipio'r wobr flaenaf ym mhob dosbarth a llawer o wobrau
eraill hefyd.

Yn y nos wedi swper byddent yn eistedd y rhan fwyaf
ohonynt yn y gegin fawr lle'r oedd tân ar y llawr a'r
simnai yn agored i'r nefoedd. Yno y byddent yn dweud
storïau ac yn adrodd hanesion, ac yn aml yn canu ac yn
eu diddori ei gilydd mewn gwahanol ffyrdd. Yma, eto,
yr oedd nifer o ddieithriaid bob amser oherwydd yr oedd
y march yn teithio bob blwyddyn drwy siroedd y de ag
eithrio Brycheiniog a Maesyfed, a llawer o ffermwyr yn
dod i ymweld â Llwyncadfor. Yr oedd y lle yn ferw o
ddiddordeb, a chael bod yno yn amheuthun i grwtyn
ifanc. Cofiaf am fy mrest yn chwyddo gan falchder yn y
sioeau, dweder, yn Aberystwyth neu Gaerfyrddin, neu
Gastell Newydd Emlyn, o weled ceffylau Llwyncadfor yn
ennill y cwpanau a'r medalau, a'r rhosglymau yn cael eu
gosod ar eu gwarrau. Cofiaf yn arbennig am un march
hackney a fagwyd yno ac a alwyd yn ' Emlyn Model '
' Emlyn ' oedd yr hyn a elwid yn ' Stud name '. Pan
anwyd yr ebol yma gwelodd fy nhadcu gyda'i graffter
arbennig fod yna rywbeth anghyffredin yn perthyn
iddo ; Y bore cynta, pan y'i gwelodd, dwedodd wrth ei
fab, Tom, "Fe alwn i hwn yn ' Model ', oherwydd chewn
ni ddim byd gwell na hwn." Ac felly y bu. Ni chafodd
Model unrhyw wobr erioed ond y blaenaf, a hynny nid
yn unig yng Nghymru ond hefyd ddwy neu dair blynedd
yn olynol yn Sioe Cymdeithas Hackneys Llundain, yn yr
Agricultural Hall. Wedi hynny gwerthasant ef i Lywod-
raeth yr Ysbaen am wyth can gini—arian mawr iawn yn y
dyddiau hynny. Nid oes, i mi, unrhyw greadur sydd yn
dod yn agos at geffyl mewn urddas a mawredd. Pe bai
rhywun yn gofyn i mi, "Pa sŵn garech chi glywed eto ?"
buaswn yn gofyn am gael clywed sŵn March Shire o ryw

ddeunaw llaw o uchdra, newydd ei bedoli ar gyfer sioe, yn cerdded yng ngofal dyn ar hyd stryd galed, ac yn torri nawr ac eilwaith i ryw hanner trot, ac yna'n cerdded eto'n ffurfiol a rheolaidd ac urddasol. Gwneled y seicolegwyr a fynnant o'r ffaith, ond 'roedd clywed y sŵn yna yn cael yr un effaith yn union arnaf â gwrando ar fiwsig Mozart. Mae'r atgof ohono yn rhoi gwefr i mi o hyd ; ond fel mae gwaetha'r modd nid wyf wedi clywed y sylwedd ers blynyddoedd. Pe bai rhywun arall yn gofyn i mi "Be' garech chi weled ? " buaswn yn ateb ar unwaith "Gweld nifer o hackneys mewn harnais yn cystadlu am wobr yn un o'r prif sioeau. Pwy all ddisgrifio urddas y creaduriaid hardd hyn a'u pennau a'u cynffonau i fyny, yn codi eu pedair troed yn uchel, ac yna'n bwrw y rhai blaen ymlaen—yr hyn a elwir yn ' action '. Os nad yw gweled peth felly yn brawf di-ymwâd o'r bod o Dduw mae yn bechadur dall. Nid yw dyn a'i holl glyfrwch yn medru cynhyrchu dim byd hafal. Cefais fy mherswadio ryw bum mlynedd 'nôl i fyned un noson i weled y neidio yn y Sioe Geffylau ryng-wladol yn y White City. Yr oeddwn yn mwynhau yn weddol dda, ond yn hollol annisgwyl i mi, cyhoeddwyd fod ' parade ' o geffylau harnais i ddod nesa ar y rhaglen. A dyma'r goreuon yn dod i mewn ac yn gwneud arddangosfa ger ein bron. Cystal i mi gyfaddef fy mod wedi fy llorio yn llwyr a bod dagrau yn llifo dros fy ngruddiau a hefyd, i ddefnyddio un o hen dermau Llangeitho, bod fy nghalon yn tasgu o'm mewn. Beth yw hunters, a gwartheg a defaid, a moch i'w cymharu a golygfa fel yna ? Nid wyf nemawr fyth yn mynychu sioeau amaethyddol am fod absenoldeb y ceffylau ac yn enwedig yr hackneys yn boen i mi. Gwell gennyf fyw ar yr atgofion.

Wel, dyna'r llwybrau gynt hyd nes y cyrhaeddais ddeng

mlwydd oed. Yna ym mis Ionawr 1910, ar yr ugeinfed
o'r mis yn oriau mân y bore fe losgodd ein cartref i'r
llawr. Rhagluniaeth Duw yn unig sy'n gyfrifol am y
ffaith fod bywydau fy nhad a'm brawd Vincent a minnau
wedi eu hachub. Cefais i fy nhaflu gan fy nhad o un o
ffenestri'r llofft i freichiau tri o ddynion a oedd yn sefyll
yn eu crysau nos ar yr heol. Yna cawsant ysgol i'm tad
a'm brawd i ddod lawr arni. O drugaredd yr oedd mam
a'm brawd hynaf oddi cartref. Dysgais unwaith yn rhagor
nad oes i ni yma ddinas barhaus, a hefyd wers ychwanegol
sef fod hyd yn oed y Cristion yn cael ei achub weithiau
yn gorfforol yn ogystal ac yn ysbyrdol 'megis trwy dân'.

Rywfodd ni fu pethau yr un fath yn Llangeitho wedi'r
tân. Er i ni adeiladu cartref newydd a dechrau byw ynddo
o fewn y flwyddyn (1910) yr oedd pethau yn wahanol.
Er bod y tŷ newydd yn rhagori mewn llawer ffordd ar
yr hen dŷ, eto yr oedd rhywbeth wedi ei golli, ac yn
enwedig, yr ymdeimlad o gartref. Teimlwn fel pe bawn
mewn tŷ dieithr ac mae rhyw beth dros dro oedd byw
yno. Gwell gennyf hen dai o hyd, er fy mod yn gwerth-
fawrogi llawer o'r gwelliannau modern.

At hyn yn 1911, llwyddais i ennill ysgoloriaeth i'r ysgol
ganol-raddol yn Nhregaron a dechreuais fel disgybl yno
ym Mis Medi. Beth a ddywedaf am Dregaron, a'r amser
y bûm yno yn yr ysgol ? Dyma'r pethau sy'n sefyll allan
yn y cof. Y cyntaf yw syniad o oerfel. Tregaron, i mi o
hyd, yw'r lle oeraf ar wyneb y ddaear. Mae hyn i'w
briodoli wrth gwrs i'r ffaith fod y dref yn gorwedd rhwng
Cors Caron a'i leithder â bwlch Cwm Berwyn yn y
mynyddoedd sydd fel rhyw fath o dwndis yn tynnu
gwyntoedd oer y dwyrain ar y lle—y cwbl mor wahanol
i Langeitho sy'n nythu'n glyd yn nyffryn Aeron a'r
bryniau caredig yn ei gysgodi bron o bob cyfeiriad.

Ond rhaid bod yn deg â Thregaron, er i mi ddioddef cymaint yno. A barnu yn ôl safon cylchrediad y gwaed yn y corff yr wyf y truenusaf o ddynion, ac o ganlyniad wedi dioddef cryn anhwylustod bob gaeaf ar hyd f'oes. Yn blentyn dioddefais yn gyson bob blwyddyn oddi wrth llosgeira neu 'maleithe' fel y dwedem yn ein hardal ni. Ond os oedd hynny'n wir am Langeitho, a chysuron cartref yr oedd bron â bod yn annioddefol yn Nhregaron lle'r oeddwn yn aros mewn 'lodgings' o fore Llun hyd amser tê ddydd Gwener. Cofiaf nawr am y llosgfa ddychrynllyd ac yna'r cosi a oedd bron a'm gyrru'n wallgof, a hynny nid yn unig ar y ddwy law ond hefyd ar fysedd fy nhraed. Fedrwn i ddim rhedeg na chwarae er mwyn lleihau'r dolur oherwydd y boen; 'd oedd dim i'w wneud ond dioddef.

Ond, at hyn, mae'n rhaid ychwanegu fy mod ar yr un pryd yn dioddef wrth glefyd arall lawer gwaeth, a mwy poenus, sydd wedi fy ngoddiwes ar hyd y daith—sef hiraeth. Da gennyf ddweud wrth fy nghyfeillion yn Nhregaron nad wyf yn eu dal hwy, na'r lle, yn gyfrifol am hyn. Beth sydd yn cyfrif amdano? Ni all y seicoleg-wyr roi'r ateb. Credaf fod hyn eto, fel cylchrediad y gwaed, yn perthyn i gyfansoddiad dyn, ac yn cael ei benderfynu i raddau gan gytbwysedd gweithrediad y 'ductless glands'. Boed hynny fel y bo, ond peth ofnadwy yw hiraeth, a'r teimlad o unigrwydd ac o amddifadrwydd ac anhapusrwydd sy'n deillio ohono. Mae'n anodd diffinio hiraeth—ond i mi, golyga'r ymdeimlad fod dyn allan o'i gynefin a'r hyn sy'n hoff ganddo. Dyna paham y gellir ei deimlo ynghanol twr o bobl, a phrydferthwch natur.

Amser digon anhapus i mi oedd y tair blynedd yn ysgol sir Tregaron a hynny'n unig oherwydd yr hiraeth hwn. Yr oedd gennyf ffrindiau mynwesol yno, fel Dai Williams

ac eraill, ac yr oeddwn yn hoffi'r gwersi . . . ond ! Cofiaf
fel pe byddai ddoe amdanaf yn eistedd yn ein côr ni yn y
Capel yn Llangeitho cyn yr oedfa ar nos Sul, a'r meddwl
yn dod i mi'n sydyn fel hyn—' Yr amser yma nos fory mi
fyddaf yn y lodgings yn Nhregaron '—ac ar unwaith
dyna fi lawr yn y dyfnderoedd. Ac os felly ar nos Sul a
mi yn mynd gartref o'r oedfa, beth am fod yn Nhregaron
a'r malaethau ar ben y cwbl !

Bob dydd Mawrth cynhelid marchnad yn Nhregaron,
ac unwaith y mis y farchnad fisol. Yr oedd hyn cyn
dyddiau ' Marts ' wrth gwrs. Byddai nhad a llawer o
ffermwyr ardal Llangeitho yn Nhregaron felly bron bob
dydd Mawrth. Yn lle rhoi cysur i mi ychwanegu at y
dolur a wnai'r ffaith hon. Byddwn weithiau yn myned
yn y trap a'r poni gyda nhad hyd at Bont Trecefel, rhyw
filltir tu allan i'r dre, er mwyn ceisio lleddfu tipyn ar y
boen, er y gwyddwn, fel y meddwyn druan, mai gwaeth-
ygu pethau oeddwn, am fod yn rhaid i mi ei adael a throi
nôl ar fy mhen fy hun. Weithiau byddwn yn sefyll yn
agos i'r ysgol i gael edrych ar rai o'r ffermwyr yn myned
adref—a minnau'n gorfod aros yn Nhregaron.

Dioddefais fel hyn am y flwyddyn gynta heb unrhyw
leihad ar y clefyd. Dylaswn fod wedi dweud fod fy
mrawd hynaf, Harold, yno gyda mi, ac wedi bod yno
ddwy flynedd o'm blaen. Dioddefais drwy'r ddau derm
cynta o'r ail flwyddyn hefyd, yn yr un cyflwr—yn
wir mewn gwaeth cyflwr. Ac yna yn nherm yr haf 1913
perswadiais fy rhieni i roi rhyddid i mi i fyned gartref
bob nos. Ryw bedair milltir a hanner oedd y daith, a
phan byddai'r tywydd yn deg byddwn yn teithio ar gefn
beic. Ar ddyddiau gwlyb iawn byddwn yn cerdded. Yr
oedd hyn bron â bod yn nefoedd i mi, a buaswn yn edrych
nôl ar y term hwn heb unrhyw gysgod neu gwmwl onibai

am y ffaith fy mod wedi digwydd darllen *David Copper-field* ar yr un adeg. Bu hynny yn achos i lawer o anhapus-rwydd i mi—fel gweithiau Dickens i gyd—oherwydd y dioddefaint a'r anhapusrwydd yn enwedig ym mhlith plant, a geir ynddynt.

Wel, fel yna 'roedd hi arnaf. Ym mis Medi 1913 dech-reuodd fy mrawd ifanca yn Nhregaron, ac felly yr oeddem yn dri brawd yno gyda'n gilydd yn y ' lodgings '. Ond ni chefais wellhad hyd yn oed drwy'r moddion yna, ond mi leddfodd ychydig ar y boen. Ar ddiwedd term y Nadolig byddid yn perfformio drama neu Gantata yn yr ysgol, ac am ryw ddeng niwrnod neu ragor cyn y per-fformiadau byddai paratoadau o wahanol fathau yn cael eu gwneud. Fel canlyniad ni chynhelid fawr o wersi rheolaidd, ac am ychydig ddyddiau, dim gwersi o gwbl. Manteisiais i ar hyn i fyned adref bob nos, a'r dyddiau olaf, i aros gartref—a'm dau frawd yn Nhregaron wrth eu bodd !

Mae'r diffyg neu'r broblem yma wedi glynu wrthyf ar hyd y blynyddoedd. Cofiaf yn dda iawn a ni yn yr U.S.A. yn 1947 i mi orfod gadael fy ngwraig a'm merch ieuengaf yn Boston ar nos Lun i deithio drwy'r nos a'r bore a'r prynhawn canlynol mewn trên i siarad mewn cynhadledd. Yr oeddwn i ddisgyn o'r trên mewn stesion yn Indiana, ac yno byddai cyfeillion yn fy nghyfarfod mewn modur. Fel y digwyddodd hi gwnaeth y cyfeillion gamgymeriad yn yr amser gyda'r canlyniad fy mod wedi cael fy hunan mewn stesion fach yng nghanol y wlad a neb yno—yn weladwy beth bynnag—ond myfi. Yr oedd y glaw yn tywallt, a chymylau duon uwchben yn bygwth taranau —a dyma fi ar amrantiad nôl yn Nhregaron ac yn teimlo'n gywir fel y gwneuthum ddegau o weithiau yn y ' lodgings ' ar nos Lun. Credwch fi ai peidio, ond edrychais ar y 'time-table' oedd ar y mur i weled a oedd trên cyfleus nôl i Boston ! Yn ffodus nid oedd—neu 'rwy'n ofni y buaswn wedi troi fy nghefn ar y gynhadledd.

Yr wyf wedi dadlau'n gryf ar hyd y blynyddoedd fod rhieni sy'n anfon unrhyw blentyn dan ryw bedair ar ddeg oed i ysgol breswyl yn droseddwyr, ac yn euog o greu-londeb erchyll. Buaswn yn eu cosbi'n drwm—yn wir, yn gwahardd ysgolion preswyl yn gyfangwbl. Nid anghofiaf fyth amdanaf yn teithio nôl mewn trên o Plymouth i Lundain rhyw dro. Cyraeddasom Newton Abbott, a dyma ddynes yn dod â dwy ferch fach i mewn i'r 'com-partment' lle'r oeddwn yn eistedd. Yr oedd yn amlwg fod y plant yn teithio'n ôl i ysgol breswyl wedi'r gwyliau. Wedi gosod y merched mewn seddau, dyma'r fam allan, ac yn sefyll ar y platfform nes y byddai'r trên yn cychwyn. Dyma'r trên yn dechrau symud a'r ferch fach leiaf yn dal i edrych ar ei mam yn hiraethus a'r dagrau yn llanw'i llygaid. A dyma'i chwaer yn dweud wrthi'n siarp—a bron crio'i hunan, "Don't look at her you fool". Nid oes arnaf gywilydd i gyfaddef fy mod wedi codi'r llyfr yr oeddwn yn ei ddarllen i guddio fy wyneb, ac wedi crio gyda'r merched bach. Yr oeddwn nôl yn Nhregaron yn y 'lodgings' unwaith eto, ac mi gefais gryn drafferth i ail-feddiannu fy hunan-lywodraeth. Credaf na chaf lwyr waredigaeth o'r dolur yma hyd nes y cyrhaeddaf y wlad lle cawn "Gwrdd heb byth ymadael mwy'.

Nid oes amser i sôn fel y carwn am yr ysgol yn Nhre-garon, ond yr wyf yn barod i herio'r byd na fu dau athro erioed gyda'i gilydd mewn un ysgol tebyg i G. T. Lewis, y prifathro, ac S. M. Powell, ei brif-gynorthwywr—y cyntaf yn 'gymeriad' yn ymylu weithiau ar yr 'ecsentrig', a'r llall yn athrylith. Yr oedd y ddau yn Gymry i'r carn ac yn siarad llawer o Gymraeg yn y dosbarthiadau.

Byddai Mr. Lewis weithiau yn torri allan i roi pregeth i ni yn Gymraeg ar ganol gwers mewn geometry. Mae S. M. Powel yn enwog fel ysgogydd i'r mudiad drama—cyfansoddodd nifer o ddramau ei hunan ac yr oedd yn actor naturiol. Cofiaf amdano yn rhoi gwers i ni ar y 'Merchant of Venice' ac yn cymryd rhan Shylock ei hunan. Gwelaf ef nawr yn tynnu cyllell o'i boced ac yn ei hagor ac yna'i hogi ar ei esgid, tra'n dweud y geiriau "Three thousand ducats" a "One pound of flesh".

O bosibl yr athrylith mwyaf yn yr ysgol yn f'amser i oedd Tom Hughes Jones a fu farw ychydig amser yn ôl yn Wrecsam. Twm Bardd oedd yr enw a roed arno gennym, ac yr oedd ef yn fardd naturiol. Yn anffodus trodd i gyfeiriad gwleidyddiaeth wedi'r Rhyfel Cyntaf, a thueddodd i ddiystyru ei ddawn eithriadol. Yr oedd Tom yn rhagori bron ym mhob maes. Cofiaf i mi fod yn cyd-gerdded gydag ef i ginio un dydd cyn adeg y Pasg 1913. Rhoddodd rhywun raglen eisteddfod oedd i'w chynnal yn Llanddewi Brefi iddo. Edrychodd Tom ar y rhestr o gystadleuthau, a sylwodd fod gwobr yn cael ei chynnig am frawddeg wedi ei llunio o'r llythrennau yn y gair Jerusalem. Ymhen ychydig funudau dyma fe'n troi ataf ac yn gofyn—"Beth am hon, ' Jerusalem er rhybyddion Un sanctaidd a laddodd ei Messiah ' ?"

Mae sôn am 1913 yn fy ngorfodi i gyfeirio at ddau beth arall tyngedfennol a ddigwyddodd yn fy hanes. Y cyntaf oedd mai dyna'r flwyddyn y penderfynais fod yn feddyg. Nid wyf yn hollol siwr beth a ddylanwadodd arnaf i wneud hyn. Yr oedd y ffaith fod tadcu fy mam—tad ei thad—yn feddyg, yn un elfen mae'n sicr, ond credaf fod fy edmygedd o Dr. David Davies, Birchill—un o blant yr ardal a oedd wedi dod adref i ddilyn ei alwedigaeth—hyd yn oed yn gryfach. Beth bynnag, fy syniad

personol i oedd bod yn feddyg, ac mi gefais bob cyn
wyaeth a chefnogaeth gan fy rhieni.

Y peth arall gwir bwysig ym 1913 oedd bod ein Capel
wedi gwahodd Sasiwn Haf y Methodistiaid Calfinaidd i
Llangeitho. Fel y dywedais eisoes dau-canmlwyddiant
genedigaeth Daniel Rowland oedd i gyfrif am hyn.
Gadawodd y Sasiwn yna argraff ddofn arnaf. Nid oeddwn
wedi gweled na chlywed pregethu ar y maes o'r blaen,
ond oherwydd nifer y bobl a ddisgwylid cynhaliwyd y
prif gyfarfodydd mewn cae ar waelod, ac ar yr ochr
chwith, i'r gwared sy'n arwain lawr i Llangeitho o gyf-
eiriad Tregaron. Yr oedd llwyfan wedi ei adeiladu a
phulpud ar y blaen i'r pregethwyr, a seddau i'r prif weini-
dogion o'r tu cefn iddo. Ac yna eisteddai'r gynulleidfa
o ryw bedair i bum mil ar feinciau yn wynebu'r pregethwr.
Cofiaf yn dda iawn am y cyfarfod i ddathlu geni Daniel
Rowland ar y prynhawn dydd Mercher, pryd y cawsom
anerchiadau gan y Dr. Thomas Charles Williams, y Dr.
John Morgan Jones, Caerdydd—yr hanesydd—Dr. John
Williams, Brynsiencyn, a'r Parch W. E. Prytherch, Aber-
tawe. Yr unig beth a gofiaf o'r anerchiadau oedd ' illus-
tration' Mr. Prytherch. Rhoddodd yr hanes i ni am
ddyfodiad yr ' electric tramcars ' i Abertawe. Disgrifiodd
sut yr oeddynt wedi gosod y rheiliau ar yr heolydd, ac
yna wedi gosod pyst mawr i fyny, ac yna wedi cysylltu'r
rhain â'i gilydd gyda gwifrau. Yna fe osodwyd cerbyd
hardd ar y rheiliau—cerbyd â nifer o seddau ynddo i fyny
ac i lawr, a lle i ryw ddeugain o bobl i eistedd. ' Ond,'
meddai Mr. Prytherch, ' er fod y cwbl yna'n berffaith,
nid oedd dim yn symud. Ond daeth dydd mawr yr
agoriad, a dyma aelod o'r teulu brenhinol yn dod i Aber-
tawe. A'r unig beth a wnaeth hwnnw oedd tynnu ar raff
i ollwng postyn mawr oedd ar ben y cerbyd yn rhydd, a

.han ar flaen y postyn yn erbyn y wifren
yma'r cerbyd yn dechrau symud. Beth
.d ? O ! yr oedd y rails, a'r cerbyd yn
r pwer trydanol cryf yn y gwifrau, ond
.aid eu cysylltu â'i gilydd cyn y gellid cael
.diad ar ran y cerbyd. Dyna wnaeth Daniel
/sylltu'r eglwys yn ei pharlysdod â grymus-
terau . /d Glân.'

Cofiaf hefyd am yr oedfa bregethu olaf nos Iau, a'r
Dr. T. C. Williams a John Williams yn cyd-bregethu.
Nid oeddwn wedi gweled na chlywed yr un ohonynt o'r
blaen, ac fe'm swynwyd ganddynt—nid yn unig gan y
pregethu huawdl, ond yn enwedig gan eu personoliaethau
mawreddog. Ymddangosai'r Dr. T. C. Williams i mi
fel y dyn harddaf ei wedd a welais erioed ; a dywedaf
hynny yr awron. Am y Dr. John Williams, 'does ond
un gair addas—pendefigaidd. Gwelaf ef yn awr yn crychu
ei dalcen, a chofiaf amdano yn disgrifio sut y dringodd ef
a rhyw gyfeillion i ben yr Wyddfa, i gael gweled toriad y
wawr, a sut, wedi disgrifio'r olygfa, yr ynganodd y geiriau
" 'Magnificent ' medd y cyfaill ; ' Ardderchog ' meddwn
innau" ac yna yn myned yn ei flaen i floeddio'r geiriau :—

"Gwawrddydd, gwawrddydd yw fy mywyd
Gweld y wawrddydd 'rwyf yn iach."

Fe wnaeth y Sasiwn yna rywbeth rhyfedd i mi, ac o bosibl
y peth pwysiacf oedd iddo ennyn ynof ddiddordeb yn y
Tadau ' Methodistaidd ' sydd wedi para a chynyddu hyd
heddiw.

Ar nos Sul ym mis Ionawr 1914, a'm brodyr a minnau
yn darllen fel arfer wedi swper, dyma'n rhieni yn dod i
mewn i'r ystafell a'n tad yn dechrau dweud fod ganddo
rywbeth eithriadol o bwysig i'w ddweud wrthym, a'i
fod yn siwr y byddem yn derbyn y cwbl fel dynion. Y

neges oedd ein bod i adael Llangeitho am byth a hynny'n fuan. Yr oedd anawsterau wedi codi yn y fusnes, ac nid oedd dim i'w wneud ond gwerthu'r cyfan ac wynebu ar fywyd o'r newydd. Wrth edrych nôl yn nhermau heddiw, gwelaf yn eglur iawn fod dwy elfen ar yr argyfwng— 'over-expansion' a 'under-capitalisation'. Yr oedd y fusnes yn ei gwahanol agweddau wedi tyfu'n rhy fawr, a'r peiriannau yn ddrud ac yn gostus. At hyn, yr oedd ein cwsmeriaid yn brin o arian, ac yn araf iawn yn talu biliau. Nid oedd 'Milk Marketing Board' na 'quotas' na 'subsidies' yn y dyddiau hynny. Mae'n amlwg fod fy nhad ryw ugain mlynedd a rhagor o flaen ei amser. Yr oedd hefyd, o egwyddor, yn gwrthod bargeinia yn ôl y dull arferol—a rhwng y cwbl yr oeddem mewn ar-gyfwng, a d'oedd dim i'w wneud ond ceisio casglu'n dyledion a gwneud ocsiwn. Felly, ym mis Chwefror buwyd yn gwerthu'r cyfan am ddeuddydd yn y Jubilee Hall—popeth—y ceffylau, y cwbl oedd yn y siop, a hyd yn oed dodrefn ein cartref, ac eithrio ryw fân bethau. Daeth hyn fel sioc fawr i ni fel bechgyn, ond cofiaf mai'r prif adwaith oedd ein bod yn teimlo her y sefyllfa, a'n bod yn barod i wneud unrhyw beth i gynorthwyo. Cofiaf i mi ddweud y byddwn yn barod i roi heibio'r syniad o fod yn feddyg, a dechrau paratoi i fod yn glerc mewn banc pan fyddwn yn ddigon hen.

Ond yr oedd fy nhad wedi trefnu cwrs arall. Y bwriad oedd i ni ymfudo i Ganada a dechrau bywyd newydd yno. Yr oedd ef yn bwriadu myned yno ar unwaith wedi'r ocsiwn, i baratoi'r ffordd. Yr oedd hefyd yn bwysig fod fy mrawd Harold yn eistedd ei 'senior C.W.B.' ym mis Mehefin a Gorffennaf, a minnau'n eistedd y Junior C.W.B. Felly yr oeddynt wedi trefnu fod mam a ninnau'r bechgyn yn byw mewn rhan o dŷ a oedd yn agos i'r ysgol yn

Nhregaron ac yna, tua diwedd Gorffennaf, i hwylio am Ganada. Y foment fwyaf torcalonnus i mi yn y cyfan oedd y bore pan ffarweliodd ein tad â ni, a chychwyn ar ei daith. Wedi hynny, yr oeddem yn ceisio dyfalu pa fath fywyd a gawsem yng Nghanada, ac yn chwarae â gwahanol ddrych-feddyliau. Ond cyn pen tri mis yr oedd yn eglur nad oeddem i fyw yng Nghanada. Ysgrifennai fy nhad yn gyson rhyw ddwy waith yr wythnos o Winnipeg, lle'r oedd yn aros gyda brawd i mam. Bwrdwn ei lythyrau oedd ei fod yn gweld yn glir iawn nad oedd gobaith iddo ef yno. Yr oedd ef erbyn hyn dros ei hanner cant, ac yn methu ffeindio gwaith teilwng. Ei ddedfryd ar y sefyllfa oedd : "Gwlad ardderchog i bobl ifanc, a chyfle braf i'r bechgyn ond anobeithiol i ddyn o'm hedran i.' Daliodd ati i wneud ei orau mewn gwahanol fân swyddi, ond erbyn diwedd mis Mai penderfynodd ddod nôl i Brydain a cheisio ail-ddechrau bywyd yn Llundain.

Ofer yw ceisio dyfalu beth a fyddai fy hynt pe baem wedi ymsefydlu yng Nghanada. Nid yw hynny wedi poeni dim arnaf, oherwydd fy mod wedi credu erioed gyda Shakespeare 'There's a divinity that shapes our ends . . .' neu, yn well, ' Rhaid bod rhyw ragluniaeth ddistaw . . .' 'Does dim yn gliriach i mi mewn bywyd na hynny, a llawenychaf yn y ffaith.

Penderfynwyd fy mod i i fynd i Lundain i gyfarfod â nhad pan fyddai ef yn glanio o'r llong oedd i gyrraedd y Surrey Docks yn Llundain o Canada. Fe'm dewiswyd i, mae'n debyg, am fod mwy o ddoniau ymarferol yn perthyn i mi nag i'm brodyr. Aethant hwy ill dau gyda mam i aros yn Llwyncadfor tra byddem yn chwilio am fusnes yn Llundain. Felly, ar ddydd Sadwrn, Awst 1af, 1914, rhoddodd mam fi ar y trên yn Nhregaron, a theithiais wrthyf fy hunan i Paddington. Yno yr oedd perthynnasau yn cwrdd â mi, ac ar ddydd Llun, Awst 3ydd cyrhaeddodd fy nhad, a dyma ni ein dau yn dechrau arhosiad o ryw ddeufis gyda brawd i mam a'i deulu yn Bermondsey tra'n chwilio am fusnes ac am gartref.

Er nad oeddwn ond llencyn ifanc yr oeddwn yn teimlo'r 'tension' yn yr awyrgylch. Y cwestiwn mawr oedd—a fyddai rhyfel yn torri allan? Cofiaf i ni gerdded nos Lun y 3ydd, i'r Elephant and Castle a gweled pobl yn dorfeydd ar hyd y strydoedd. Dydd Mawrth, Awst 4ydd, aeth fy nhad â mi i Westminster yn y bore. Llwyddasom i ymuno â'r dorf oedd wedi ymgynnull yn Downing Street, ac yno y buom am oriau, yn cael cipolwg ar y gwahanol aelodau o'r Cabinet oedd yn mynd i fewn ac allan o No. 10. O'r diwedd cyrhaeddodd y foment yr oeddem yn disgwyl amdani, sef gweled drws No. 10 yn agor, a Mr. Asquith yn dod allan, ac yn myned i mewn i'w fodur, a chychwyn am y Senedd lle'r oedd i wrando ar Syr Edward Grey yn gwneud ei ddatganiad byth gofiadwy. Cofiaf y 'thrill' a deimlais o weld y gŵr hwn oedd yn gymaint o arwr gan fy nhad, y gŵr yr oeddwn wedi clywed cymaint o sôn amdano. Yr unig siomedigaeth y diwrnod hwnnw oedd na chawsom olwg, am ryw reswm, ar 'y dyn bach' sef Lloyd George.

Aethom bob dydd yn union wedi brecwast i gyfeiriad Westminster a sefyll y tu allan i Palace Yard, neu Downing Street, i gael golwg ar y mawrion. A buom yn hynod o lwyddiannus. Amhosibl yw ceisio disgrifio pobl Llundain yr adeg honno. Yr oedd twymyn rhyfel wedi gafael yn gryf ynddynt, ac yr oeddynt yn canu ac yn chwifio baneri bach a mawr. Ysbryd hyderus oedd ynddynt, a sicrwydd y byddem yn gorchfygu'r Almaenwyr mewn ychydig o amser. Clywsom rywfodd fod catrawd o'n milwyr ni a oedd ar fin croesi i Ffrainc, i wneud gorymdaith drwy'r ddinas gan ddechrau yn agos i'r Twr. Aethom yno yn gynnar, a chawsom olwg arnynt yn martsio heibio yn eu cotiau cochion a'r band yn chwarae ' It's a long way to Tipperary . . .'. Yr oedd y bobl bron â cholli arnynt eu hunain gan eu brwdfrydedd, a'r rhan fwyaf yn bloeddio ac yn curo dwylaw, eraill yn torri allan i ganu, a llawer yn wylo. Gwelsom lawer o ddynion ifainc yn penderfynu ymuno â'r fyddin ar unwaith, ac yn datgan hyn wrth eu cyfeillion. Dyna gip-olwg ar rai o'r ' Old Contemptibles '. Gwelsom Lord Kitchener droeon, ond nid oedd ef a'i wyneb twp a'i lygaid bustachaidd yn arwr gennym.

Dyddiau rhyfedd, dyddiau ofnadwy—ni fu dim yr un fath oddiar hynny. Druain o'm tad a'i gofoeswyr, a'u hedmygedd di-ddiwedd o'r gwladweinwyr hynny. Mae'n dda gennyf nad ydynt yn fyw i ddarllen llyfrau fel Dydd-iaduron C. P. Scott, a ddarllenais yn ddiweddar, a chael darganfod nad oedd fawr ond clai yn nhraed eu heilunod.

Dyddiau brawychus oedd y dyddiau hyn i mi ; yr oeddwn yn falch fy mod yn rhy ifanc i orfod wynebu'r sefyllfa yn bersonol. Nid wyf erioed wedi deall meddwl a chyfansoddiad dynion sy'n gweled rhamant mewn rhyfel ac sy'n awyddus i ymuno â byddin a chael cyfle i ymladd a lladd. Feallai mai'r hyn sy'n cyfrif am fy nheimladau yw'r ffaith fy mod bron a bod yn hollol amddifad o wrol-deb corfforol. Ar yr un pryd, teimlaf nad oes dim yn di-raddio, ac yn taflu cymaint o sarhâd ar y natur ddynol, â 'sergeant-major' yn bloeddio ac yn screchain ar nifer o filwyr. Casbeth gennyf yw gweld milwyr yn gwneud ' goose-step '. Y ffaith fy mod wedi dechrau fel myfyriwr meddygol yn 16 mlwydd oed a'm hachubodd i rhag y dynged atgas yna. Erbyn hynny yr oedd prinder o feddygon, a hynny i'r fath raddau, fel bod bechgyn a oedd wedi dechrau ar eu cwrs, ond wedi ymuno â'r fyddin, yn dod yn ôl o Ffrainc i ail-ymaflyd yn eu cyrsiau meddygol. Yr wyf wedi diolch ganwaith na fu raid i mi fyw mewn 'barracks' erioed. Mi fyddai hynny yn waeth hyd yn oed na bod yn grwt yn y 'lodgings' yn Nhregaron.

Gwelsom lawer o bethau yn digwydd am y tro cyntaf erioed yn ystod y rhyfel. Un oedd gweld y Zeppelin cynta a wnaeth ymgyrch ar Lundain. Yn rhyfedd iawn, yn lle chwilio am le i guddio, rhedai pawb ohonom allan i'r stryd i syllu ar y Zeppelin a'r 'searchlights' yn chwarae arni ac yn gwneud iddi edrych fel rhyw 'cigar' oleu anferth yn yr awyr. Cofiaf hefyd am yr ymgyrch gynta' gan awyren yn ystod y dydd. Syrthiodd y 'bomb' gyntaf ar fore Sadwrn yn reit agos i ysbyty St. Bartholomew lle'r oeddwn yn fyfyriwr, a rhuthrais yno i roi help-llaw. Nos Sul fyth-gofiadwy oedd honno, a ninnau wedi myned i'r llofft i orffwys ; yn sydyn fe welem yr awyr i'r gogledd yn goch fel machlud haul am rai munudau, ac yna'n diffodd. Ar hyn dyma waedd fuddugoliaethus i'w chlywed a phobl allan ar y strydoedd mewn gorfoledd. Yr oedd Lt. Leif Robinson wedi llwyddo i saethu'r Zeppelin gyntaf i'r llawr uwchben Cuffley ger Potters Bar. Yn y dyddiau hynny yr oeddwn yn mynychu Tŷ'r Cyffredin yn weddol aml, am ein bod yn byw o fewn rhyw hanner milltir i'r Senedd. Bûm yn ffodus ddigon i glywed rhai o'r dadleuon mwyaf. Yr oeddwn yno ar nos Lun ym mis Mehefin 1916 a chlywais John Redmond, Lloyd George, Syr Edward Carson, John Dillon ac Asquith, yn trafod cwestiwn Iwerddon mewn dadl fawr o 8.15 p.m. hyd at 11 a.m. Yr oeddwn yno hefyd ar brynhawn Llun arall yn Nhachwedd 1917, i glywed y ddadl fawr ar gynllun Lloyd George i sefydlu cyngor militaraidd rhyng-wladol yn Versailles, a gosod Syr Douglas Haig dan awdurdod Marshall Foch. Yr oedd llawer yn meddwl y byddai i Asquith gael yr oruchafiaeth ond nid felly y bu. Gwelaf Lloyd George y funud yma yn estyn ei fys at Asquith, ac yn dweud gyda grym deifiol : ' Speeches are no substitute for shells'. Pan ddaeth Tachwedd 11, 1918 a'r unfed awr ar ddeg mi es ar unwaith o'r ysbyty i gyfeiriad Westminster. Clywais, wedi cyrraedd yno, fod aelodau Tŷ'r Cyffredin yn bwriadu cerdded yn groes i'r heol i gyfarfod byr o ddiolchgarwch yn eglwys St. Margaret's. Cefais, fel llawer eraill, ganiatâd gan blismon i sefyll i weled yr orymdaith, a thua thri o'r gloch dyma nhw'n dod, a Lloyd George ac Asquith yn cyd-gerdded yn y blaen. Ym mis Rhagfyr sefais ar fy nhraed am yn agos i bedair awr i gael cip-olwg ar yr arlywydd Woodrow Wilson o U.D.A. yn myned heibio mewn c rbyd agored gyda'r brenin Siôr y Pumed. Yr oeddwn yn dipyn o eilun-addolwr yn y dyddiau hynny, ac yr wyf wedi para felly i raddau. Ond, och ! mae'r eilunod wedi mynd yn brin.

Y ddau beth mawr yn fy mywyd y dyddiau hynny ar wahân i'r bywyd diddorol gartref, oedd ysbyty St. Bartholomew a Chapel Charing Cross. Y peth pwysicaf yn y capel i ni'r dynion ifainc oedd dosbarth Ysgol Sul fy nhad-yng-nghyfraith—y Dr. Tom Phillips. Yr oedd y dadlau yn frwd ac weithiau'n ffyrnig bob prynhawn Sul, ac yn aml iawn efe a minnau oedd y prif siaradwyr. Yr wyf wedi dadlau llawer, ac â llawer o ddynion ar hyd fy mywyd, ond gallaf dystio na welais ei ragorach o ran cyfrwystra a chyflymder meddwl. Ef a'm brawd Vincent, a'r Dr. David Phillips y Bala, yw'r tri dadleuwr gorau a gyfarfûm i, ac mae fy nyled i'r ddau gynta' yn fawr iawn. Nid oes dim yn well i hogi'r meddwl ac i ddysgu dyn i feddwl yn glir ac yn drefnus, na dadlau, ac yn enwedig dadlau ar bynciau diwinyddol ac athronyddol.

A sôn am feddwl yn glir, credaf mai'r meddyliwr craffaf a chliriaf a adnabûm oedd fy hen athro, yr Arglwydd Horder. Hyn oedd i gyfrif yn bennaf am ei lwyddiant eithriadol fel meddyg. Yr oedd yn sylwedydd trwyadl, ac wedi iddo gasglu ei ffeithiau, byddai'n ymresymu nes cyrraedd ei ' ddiagnosis '. Cyfeiriai'r bardd T. S. Eliot ato fel ' The Little Genius '. Er fy mod wedi rhoi llawer o'r mater sydd yn y bywgraffiad ohono gan ei fab o dan y teitl yna—ac yntau yn garedig wedi cydnabod hynny—teimlaf awydd weithiau i ysgrifennu llyfryn arno. Yn yr ysbyty hefyd, cefais y fraint o adnabod, a chydweithio gyda'r enwog Sir Bernard Spilsbury. Os yw diffiniad Thomas Carlyle o athrylith yn gywir—' An infinite capacity for taking pains '—yna yr oedd Spilsbury yn athrylith. Nid oedd ganddo feddwl clir a bywiog fel yr eiddo Horder—ei gryfder ef oedd manylder ei ymchwiliadau. Nid oedd dim yn ormod o drafferth iddo ac ni chymerai ddim yn ganiatâol. At hyn, pan fyddai'n rhoi ei dystiolaeth mewn llys, ni fedrai unrhyw far-gyfreithiwr —hyd yn oed yr enwog Marshall Hall—beri iddo gynhyrfu, na drysu. Atebai'n dawel ac yn foneddigaidd a daliai at y ffeithiau yr oedd yn sicr ohonynt, gan osgoi pob damcaniaeth. Trysoraf o hyd y llythyr caredig a anfonodd ataf pan glywodd fy mod yn cefnu ar y gwaith meddygol ac yn dechrau bywyd newydd fel gweinidog gyda'r Methodistiaid Calfinaidd. Nid oedd yn deall, ond dywedai ei fod yn sicr fod hyn yn iawn i mi gan fy mod wedi dod i'r penderfyniad yna. Tebyg oedd barn Syr Thomas Dunhill, prif law-feddyg y teulu brenhinol ar y pryd, pan ddywedodd wrthyf : ' I always felt that you were more interested in people than in diseases, and that medicine would never hold you.'

Wel, dyna gip-olwg ar y llwybrau gynt hyd ddechrau

1927. Yr hyn sy'n ofynnol mewn llwybr yw ei bod yn arwain i ffordd. Crwydrais, a chyfeiliornais, a blinais, ar lawer o lwybrau, ond yr oeddwn yn ymwybodol bob amser fel Francis Thompson, fod ' Gwaed-gi'r Nefoedd ' ar fy nhrac. O'r diwedd fe'm daliodd, ac fe'm dygodd at ' Breswylydd Mawr y Berth ' yr hwn sy'n abl i ' ychwanegu nerth i ddringo'r creigiau serth, heb flino mwy '. Credaf mai Ef hefyd a drefnodd fod prif lwybr fy mywyd i groesi llwybr yr un a foddlonodd, ac a ildiodd, o'r diwedd i fod yn wraig i mi. Felly ar yr 8fed o Ionawr, 1927 dechreuasom gyd-gerdded ar hyd y ' Ffordd sy'n arwain i'r Bywyd '.

Pan oeddwn i'n hogyn rhwng pedair a phump oed yn
Nhal-y-sarn, Dyffryn Nantlle, fe syrthiais ar fy mhen i
ffynnon wrth geisio cael gafael ar flodyn oedd yn nofio
ar ŵyneb y dŵr. Yn ffodus iawn, 'roedd ffrind hŷn wrth
law, ac fe gydiodd hwnnw ynof i a'm llusgo i o'r ffynnon.
Fe glywodd mam y gweiddi, a phan welodd hi mai fy
nghyfaill, Ifan John, Llwynpïod, oedd wedi achub fy
mywyd i dyna hi'n chwilota yn ei phwrs. Fe ddaeth o hyd
i bisyn tair ceiniog, yr unig ddarn o arian gwyn oedd
ganddi hi, a'i roi i Ifan. Ac mae'n debyg fod hwnnw cyn
falched o'r dernyn lleiaf o arian â phe buasai wedi cael
sofran felen.

' Rydw i wedi meddwl llawer am y ddrama fach yna
wrth ffynnon y Fodlas, ac mae'r pris a dalodd mam am
'y mywyd i yn dal i beri anesmwythyd yn fy meddwl i.
A dyma fi wedi cyfaddef mai dim ond tair ceiniog—tair
hen geiniog, sylwch—ydy 'ngwerth i ! Ac wrth edrych
yn ôl dros y blynyddoedd 'rydw i'n sylweddoli fod arnaf i
ddyled na allaf i byth ei setlo hi i'r sawl a ddaeth â mi i'r
byd rhyfeddol yma—ac i Ifan John, am iddo fo rwystro
imi fynd oddi yma cyn imi flasu rhyfeddod bodolaeth.

Chwarelwr â'i wreiddiau yn Rhostryfan, oedd fy nhad,
John William Jones. Fe fyddai Gilbert Williams, yr hanes-
ydd lleol, yn arfer dweud bod fy nhad yn dod o'r un cyff
â Griffith Davies, y mathemategydd enwog. Mae'n rhaid
na ches i 'run diferyn o'i athrylith o—un digon di-lun am
wneud syms oeddwn i yn yr ysgol. I Aberdaron, yng
ngwlad Llŷn, yr aeth fy nhad i chwilio am ei wraig, Ann
Williams, Ann Pen-nant i bobl Uwchmynydd. Cyn

gynted ag y daethant i Dal-y-sarn fe agorasant siop bapurau newydd mewn hen siop ddillad o'r enw Cloth Hall.

Dyn cyffredin 'i ddoniau oedd yn hoff o'r Pethe, oedd fy nhad : capelwr selog â chanddo lais bâs digon hyfryd. Mi fyddai'n arfer dweud ei hanes yn canu gyda phedwar-awdau pan oedd o'n gweithio yng Nghilfynydd yn y De. 'Roedd yn y lle hwnnw doreth o steddfodau yr adeg honno. Rhyddfrydwr oedd fy nhad nes daeth y Blaid Lafur yn boblogaidd yn Arfon, ac wedyn *Y Dinesydd* oedd ei hoff bapur o a'r ' werin ' oedd y gair a glywech chi amlaf ar 'i wefus o pan fyddai o'n trafod gwleidyddiaeth. 'Roedd o'n Gymro uniaith, heb fedru fawr fwy o Saesneg na ' yes ' a ' no '. Fe fu'n rhaid iddo fo ddysgu mwy o'r iaith fain pan aeth o i weithio ar y lein yn Lerpwl, a mynd i letya i dŷ mewn stryd a elwid ganddo yn ' Hwrli Bwrli Stryd '. Ond enw cywir y stryd honno oedd ' Hornby Boulevard ', heol yn Bootle. Dim ond ar y Sul y gallech chi weld fy nhad yn gwisgo coler a thei : coler heb dei, neu dei heb goler, fyddai'r drefn ar nosweithiau gwaith, ag eithrio pan fynnai mam iddo fod yn fwy trwsiadus i fynd i Seiat neu Gyfarfod Gweddi, neu Gyfarfod Darllen, neu Gymdeithas Lenyddol. Fe fyddai'n cymryd rhan gyhoeddus yn y cyfarfodydd hyn, ond yn ddigon petrusgar a diarddeliad.

Mae pobl Tal-y-sarn yn dal i sôn am mam fel gwraig beniog a chraff, darllenreg fawr â rhyw ddyfnder yn ei phersonoliaeth hi. Fedrai hi ddim canu mewn tiwn, ond fe gâi flas ar bregeth neu ddarlith, a gallai gofio darnau hir o bopeth da y byddai hi wedi eu clywed neu eu darllen nhw. 'Doedd ganddi hi ddim cymaint i'w ddweud wrth wleidyddiaeth plaid, ond pan ddaeth Plaid Genedlaethol Cymru i fod fe ymunodd hi a'm tad â'r blaid honno—am fod Dic, fy mrawd, a minnau wedi colli'n pennau efo hi, mae'n debyg.

A dyma lle dylwn i sôn am Dic. 'Roedd o'n ieuengach na mi o ddwy flynedd, ond yn gryfach a thalach na mi. Hogyn direidus a mentrus oedd o ar ddechrau'i yrfa, ac fe barodd felly hyd y diwedd. 'Roedd yntau'n ddarllenwr awchus, ac 'roedd ganddo fo gryn ddawn sgwennu. Mae un o'i straeon byrion o yn *Storïau'r Ganrif*, a ddetholwyd gan T. H. Parry-Williams, ac fe sgrifennodd gyfres o erthyglau i'r *Herald Cymraeg* ar ddamweiniau yn chwareli Dyffryn Nantlle. Fe allai drwsio motor beic neu gar cystal â neb yn yr hen ddyffryn, a hynny pan oedd o'n ifanc iawn, ac 'roedd ganddo ddawn i ddadlau'n rhes-ymegol. Ond, mi gaf i sôn rhagor am Dic ymhellach ymlaen.

Hwyrach mai dyma lle dylwn i sôn am fy hen ardal. 'Doedd Dyffryn Nantlle ddim yn lle delfrydol i fyw ynddo fo yn ystod hanner cyntaf y ganrif hon. Mae'r chwareli llechfaen wedi difetha'r fro, ac 'roedd y rhan fwyaf o bobl y dyffryn yn dra chynefin â phrinder ac angen. Er bod gennym ni siop chafodd Dic a mi erioed fwy o foethau'r byd na llond ein boliau o fwyd iach, dillad glân a thrwsiadus a chysuron cyffredin teulu i weithiwr mewn chwarel. Fe fyddai mam yn gwneud llawer o'n dillad ni pan oeddem ni'n hogiau—'roedd hi wedi dysgu pwytho ym Mhwllheli pan oedd hi'n ferch ifanc. Trefn y prydlesoedd oedd un rheswm am nad oedd mwy o arian yn dod i bwrs y teulu : 'roeddym ni, fel aml deulu yn yr ardal, yn gorfod prynu'r tŷ ddwywaith. Ac yn sŵn cwyno yng nghylch morgais a llôg ar arian y magwyd ni.

'Roeddan ni, er hynny, yn nythaid digon diddig—yn un peth, am fod ein tŷ ni fel ffatri, a llawer iawn o ffrindiau a chymdogion yn dod yno. 'Roedd Tal-y-sarn ers talwm yn llawn o gymeriadau gwreiddiol, gwŷr a gwragedd ffraeth nad oedd arnyn nhw gywilydd byw eu bywyd yn eu ffordd eu hunain mewn cymdeithas uniaith, gynnes. Ac 'roedd hi'n gymdeithas ddiwylliedig ; hynny ydy, 'roedd Dyffryn Nantlle wedi codi, ac yn dal i godi, beirdd, storïwyr, cantorion a phregethwyr o fri. Prin bod unrhyw ardal yng Nghymru wedi cynhyrchu cymaint o wŷr llên amlwg mewn rhyw hanner canrif—pobl fel Robert Williams Parry, a'i gefndyr, Thomas Parry a Gruffydd Parry ; John Gwilym Jones, R. Silyn Roberts, R. Alun Roberts, Mathonwy Hughes a Tom Hughes, i enwi dim ond ychydig ohonynt. Ac ar gyrion y dyffryn dyna Kate Roberts, Richard Hughes Williams, Glasynys a T. H. Parry-Williams.

Pam y mae rhyw chwech o filltiroedd sgwâr, a elwir yn Ddyffryn Nantlle, wedi bod yn fagwrfa cymint o wŷr llên ? 'Rydw i'n cofio gofyn y cwestiwn yma mewn cyfarfod cyhoeddus yn Nhal-y-sarn ym 1938. Peth peryglus ydyw gofyn cwestiwn rhetoregol—cwestiwn na byddwch chi ddim yn ddisgwyl i neb ei ateb o. Ac meddwn i : "Oes na rywbeth yn y gwynt sydd 'ma, deudwch ? Oes na rywbath yn y dŵr ?" A dyma lais o gwr y dyrfa awyr-agored honno yn gweiddi : " 'Does 'na ddim byd yn y cwrw, ta beth !" 'Roedd traddodiad y cyfarwydd, y dyn-dweud-straeon, a'r traddodiad barddol, yn gryf iawn yn yr ardal. 'Roedd mynd ar eisteddfodau, mynd ar ddosbarthiadau nos—tua phymtheg ohonynt bob wythnos yn y gaeaf—a mynd ar gyfarfodydd y cym-deithasau llenyddol.

'Roedd y chwiw gystadlu ynom ni'n ifanc iawn. Fe fyddai criw bach ohonom ni, hogiau'r Capel Mawr, Tal-y-sarn, yn mynd o obeithlu i obeithlu i gystadlu ar bob math o bethau—adrodd, canu, arwain dyn dierth, gwybodaeth gyffredinol a sain y glust. Bychan iawn oedd

y gwobrau : yr hwyl oedd y peth. Ond fe ddigiasom ni
wrth swyddogion Capel Salem (Bedyddwyr) pan roesont
hanner caramel yr un inni am ennill un noson, a'r arwein-
ydd yn torri'r taffi efo cyllell yng ngŵydd y gynulleidfa !

Nid y gwersi sy'n aros gliriaf ar y cof er dyddiau ysgol,
ond pethau od fel—anadliad trwm athro neu athrawes a
fyddai'n chwythu rhwng fy nghrys a'm croen i, blas y
gansen ar gedr llaw ac aroglau inc a llechen sgwennu,
newydd ei glanhau efo hances boced a phoeri. Ac ambell
athro go anghyffredin.

William Meiwyn Jones, brodor o Ffestiniog, oedd yn
teyrnasu ar ysgol elfennol Tal-y-sarn ym mlynyddoedd fy
machgendod i, a Dafydd Thomas, y llenor a'r Sosialydd,
yn hwsmon iddo. Gŵr mwstasog a fyddai'n hoffi crymu
ei ben a chrychu un llygad i edrych ar rai pethau, oedd
y sgŵl, blaenor yn y Capel Mawr (Methodistiaid Calfin-
aidd), ac arweinydd bywyd yr ardal. 'Roedd o'n ysgol-
feistr digon clên ond pan fyddem ni wedi troseddu. A
phan fyddem ni'n sefyll yn rhes grynedig yn y coridor ar
ôl gwneud dryga fe fyddem ni'n gwybod yn eithaf da y
byddem ni'n cael ein haeddiant—dim mwy a dim llai na
hynny,—ac ni fyddai ein parch ni tuag ato damaid llai ar
ôl cael ein cosbi ganddo fo am ein bod ni'n gwybod fod
y gosb yn un gyfiawn.

Gŵr addfwynach a distawach oedd Dafydd Thomas,
un o frodorion Sir Drefaldwyn. Er bod addysg yn fwrn
i'r rhan fwyaf ohonom ni, fe allai ambell wers gan Dafydd
Thomas fod yn anturiaeth go bleserus. 'Roedd ei ddull
tawel o o'n trafod yn help i'n hennill tuag ato. Anaml y
byddai yn gwylltio, ond pan wnai fe âi ei lais yn wichlyd,
a'r llygaid gleision yn llymion. Gallai drin y gansen cystal
â'r sgwlyn pan âi hi i'r pen. Fe allai Mr. Thomas ddeall
yn iawn pam yr oedd ambell dro trwstan, neu sefyllfa od,

yn goglais ein chwerthin afieithus ni, ac fe allai weld
doniolwch ambell symudiad afrosgo ganddo fo'i hun. Yr
oedd yn credu nad gwastraffu'i amser yr oedd o wrth
sgwennu cywyddau Goronwy Owen ac englynion Hedd
Wyn a Dyfed ar barwydydd du'r ystafell, a'u llafar-ganu
wrth eu sgwennu. 'Doeddan ni ddim yn deall y rhan
fwyaf o'r llinellau a rôi o'n blaenau ni, yn ei lawysgrifen
hardd, ond yr oeddym weithiau'n meddwi ar sŵn y
geiriau a mydr y gynghanedd. 'Roedd gennym syniad
go lew beth oedd ystyr geiriau fel :

> Bara a chaws, bïr a chig,
> Pysg, adar, pob pasgedig.

A 'doedd dieithrwch y ddau air ' bïr ' a ' pasgedig ' ddim
yn peri inni golli blas ar ruthmau Goronwy Owen a llais
llesmeiriol yr athro. 'Roedd 'na un hogyn llwyd ei wedd
a chot milwr yn hongian amdano fo, pwtïs am ei goesau
a chlocsiau am 'i draed yn gwirioni'n lân ar y gwersi yma.
Fo a atebodd yr athro mewn cynghanedd un bore pan
oedd Dafydd Thomas yn galw ein henwau ni, gan wybod
ei fod o'n cynghaneddu ac yntau'n ddim ond tua deuddeg
oed : " Yma, Mr. David Thomas ! "

Fel y gellwch chi ddyfalu, blynyddoedd duon y rhyfel
Byd Cyntaf oedd y rhain ; yr oedd ein hathro ni yn wrth-
wynebydd cydwybodol yr adeg honno ac fe gostiodd
hynny'n ddrud iddo fo. 'Roeddan ni'r plant yn gallu
synhwyro hynny rywsut wrth wrando ar bobl mewn oed
yn siarad yn ei gefn o ac yn ei alw'n ' hen gonsi ' er nad
oeddym yn deall beth oedd ystyr y term. Wrth edrach yn
ôl ar bethau, 'rydwyf yn gweld bod rhyw gysondeb
rhyfedd yn agwedd Dafydd Thomas at bopeth.

'Roedd Moi Wrench, tipyn o gymêr yn yr ysgol, wedi
dal brithyllyn yn ffrwd Dôl Pebin un amser cinio. Fe

welodd yr athro y pysgodyn ar hances gaci Moi, ac yn
lle'i geryddu o am ddod ag o i'r ysgol i dynnu sylw'r
dosbarth oddi wrth eu gwersi, fe aeth Mr. Thomas at
ddesg Moi, ac meddai : ' Dyna glws—'doedd o'n biti 'i
ddal o ? ' 'Roeddan ni'n methu â deall ei agwedd o ar y
pryd. 'Roedd smotiau coch digon del ar groen y brithyllyn
ond 'doedd o ddim mor hardd yn ein golwg ni â physgodyn
aur Ifan Garn. Ac onid pethau i'w dal a'u bwyta oedd
pysgod afon ?

Ond fe ddisgynnodd y geiniog i'n penglogau ni cyn
hir, ac fe ddaethom ni i sylweddoli fod pob bywyd yn
gysegredig i Dafydd Thomas a'i fod o'n gweld prydferth-
wch mewn pethau digon cyfarwydd a chyffredin. Y
munud yma 'rydw i'n gallu gweld gŵr tal, lluniaidd â'i
lygaid yn fawr ac yn llwydlas y tu ôl i'w sbectol o. Mae
pwt o sialc yn ei law o ac fe ddaw'r geiriau hyn fel alaw
o'i enau o :

> Wrth ei fant, groywber gantawr,
> Gesyd ei gorn mingorn mawr,
> Corn anfeidrol ei ddolef,
> Corn ffraeth o saernïaeth nef . . .

'Rydw i'n gallu gweld unwaith eto yr archangel adeiniog
yn codi'i utgorn aruthrol at ei enau ac yn chwythu'r
meirwon o'u gwelyau yn y llanna'. Ie, Dydd Barn
Goronwy Owen a Dafydd Thomas fydd ' y dydd o
brysur bwyso ' i hen ddisgyblion Pumed Dosbarth Ysgol
Tal-y-sarn sydd ar dir y byw, tra byddwn ni.

Sôn am ' angylion ', mae'n siŵr eich bod chi wedi
dyfalu nad oeddan ni, hogiau'r Nant—enw arall ar Dal-y-
sarn—ddim yn angylion—o bell ffordd. Fe fyddai un
athrawes yn ein curo ni efo rwler ar ein migyrnau, neu'n
rhoi inni galedwch ei modrwy ar fôn y glust pan fyddem

ni'n cambyhafio. Ond ei chosb lymaf hi oedd ein gorfodi
ni i sefyll am hydion yng nghornel y stafell. Ac 'roedd
sefyll yr adeg honno—ar ddognau prin iawn o enllyn yn
ormod o dasg i rai o'r hogiau : mi welis i ambell un yn
llewygu wrth ddwyn ei gosb, neu wrth sefyll mewn cwt
hir o bobol a phlant am y dogn o'r saim drewllyd y
byddem ni'n 'i alw fo'n fargarïn, neu am chwarter o
facwn. Fe fydde criw ohonom ni'r hogiau yn ennill pres
poced wrth werthu papurau Cymraeg fel *Yr Herald, Y
Genedl* a'r *Werin a'r Eco*. Fe gaem geiniog am bob dwsin
a werthid gennym, a dyna lle byddem ni wrth ben y
tyllau dyfnion yn gweiddi enwa'r papurau pan fyddai'r
chwarelwyr yn cychwyn adref.

Golygfa ry gyfarwydd inni oedd gweld gorymdaith o
weithwyr yn cerdded yn araf deg o chwarel i hebrwng
corff cydweithiwr a fyddai wedi'i ladd mewn damwain.
Y sŵn mwyaf trymaidd yn yr ardal fyddai sŵn traed y
dynion yma pan fyddent yn cerdded y tu ôl i elor â
chymydog yn gorwedd arni hi o dan wrthban a'i sgidiau-
hoelion-mawr o yn pincio allan ar ben blaen y ' stretcher '.
Fe fuasai gen i frawd neu chwaer hŷn na mi oni bai i'r
olygfa hon roi ysgytiad go fawr i mam, oedd newydd
ddod o wlad Llŷn yr adeg honno. Fe barodd y profiad
iddi hi erthylu baban.

Pan gaem ni hwyl fawr ar werthu papurau byddai
gynno ni ddigon o geiniogau i fynd i siop dartenni a
phasteiod Mrs. Jones yn Greenwich House i fwynhau ei
phasteiod porc hi. 'Rydw i'n dychmygu y munud yma
ei gweld hi yn tywallt y grefi poeth o jiwg am ben fy
mhastai i. 'Does dim angen dweud na phrofais i byth
wedyn y fath flas gogoneddus ar bei-gig ! Ai dychmygu'r
ydw i fod gwell blas ar fwydydd, yn enwedig cigoedd, yr
adeg honno ? Efallai bod porthiant a gwrtaith artiffisial
wedi difetha blas pethau.

Nid yw'n ddim byd llai na gwyrth ein bod ni wedi goroesi'r blynyddoedd cynnar hynny. 'Rydw i'n aml yn cael pangfeydd o arswyd wrth feddwl amdanom ni yn hongian wrth fraich fawr pwmp dŵr, uwchben twll anferth oedd tua dau can llath o ddyfnder, a braich y pwmp yn codi a gostwng yn ddigon chwyrn ! Fe gafodd Dic a mi gosfa go dda gan fy nhad pan welodd o ni'n cyflawni'r gamp acrobataidd yma un tro, a ninnau'n fawr o bethau, a dweud y gwir. Ac yn mentro ymdrochi yn nhwll Chwarel y Gloddfa Glai, oedd yn llawn o ddŵr gwyrdd, lleidiog—yn ymdrochi mewn pwll oedd yn fynwent wleb i gŵn a chathod yr ardal ! 'Roeddan ni wedi gorfod dysgu nofio pan oeddym ni'n ifanc iawn—fe fyddai hogia hŷn na ni'n ein bwrw ni i'r afon—Afon Llyfni—yn gwbwl ddiseremoni pa un bynnag a oeddem ni'n hoffi hynny neu beidio. Ac 'roedd yn yr hen afon byllau dwfn. Fe fyddai'r dŵr yn ddigon cynnes ar ôl troad y rhôd a dyna braf oedd ei deimlo fo'n lapio am ein cyrff noeth ni fel siôl mam ! Ac 'roedd aroglau'r slafan—chwyn y dŵr—yn feddwol yn ein ffroenau ni. Buan y daethom ni'n giamsters ar ddal pysgod afon efo sach ac ar flingo slywen i neud carai esgid o'i chroen hi, neu flingo cwningen. Fe fyddem ni'n dal ambell wniadyn (samon bach) efo'r sach â gwialen yn gylch yn ei enau o.

Yr oedd tylwyth teg a gwrachod yn fodau credadwy i ni yr adeg honno, ac fe fyddem ni'n dychmygu bod un hen wraig, Neli Huwcyn, oedd yn byw mewn tŷ-to-sinc ger y stesion, yn gallu witsio, ('rheibio' i chi yn y De), a'i bod hi'n hedfan ar goes brws drwy'r awyr ambell fin nos tua Glangaeaf. Fe fynnem gredu mewn pob math o fodau lledrithiol, bwganod, ysbrydion, a'u tebyg,—ac, mae'n bosibl y byddai bywyd hebddyn nhw yn anialwch i ni. Ac fe fyddem yn clywed straeon rhyfedd am ddrychiolaetha gan fy nhad ambell noson yn y gaeaf, ac fe fyddai ar Dic a mi ormod o ofn plygu ar ein gliniau i ddeud ein pader wrth erchwyn y gwely ar ôl gwrando'n geg-agored ar yr hanesion yma. Fe fyddem ni'n llamu i'r gwely a thynnu'r dillad dros ein pennau.

Un gosb a gaem ni am wlychu at ein crwyn wrth chwarae ar fin llynnoedd ac afonydd, sef ein pacio i'r gwely, gefn dydd golau. Andros o benyd ! O'r diwedd fe drawsom ni ar gynllun i ddod o'r carchar hwnnw. A'r cynllun oedd dechrau canu nerth esgyrn ein pennau—emynau, alawon gwerin, unrhyw beth a fedren ni. Gan fod ein llofft ni'n union uwch ben y siop bapurau, buan y caem ni bardwn rhag i'n sŵn aflafar ni beri testun siarad i'r cwsmeriaid !

Fe fyddai pobl yn dod i'n siop ni i gwyno'n flin ein bod ni a'n giang wedi torri eu ffenestri nhw neu wedi bod yn ymlid merlynnod mynydd neu'n cynnau tanau lle na ddylid.

Dim ond unwaith y cawsom ni, hogia Cloth Hall, fai ar gam. Daeth Ifans, plismon y pentref, i'r siop i achwyn wrth fy nhad fod fy mrawd a minnau wedi torri dwy o ffenestri capel Salem oedd o fewn lled cae bychan i'n tŷ ni.

' Pryd y gwnâth y cnafon bach hyn ? ' gofynnodd nhad.

' Nos Sadwrn dwytha, John Jones,' oedd ateb Ifans.

Y nos Sadwrn cyn y Sulgwyn oedd hi, wrth lwc, ac 'roedd ein teulu ni yn gyfan ym Mhenrhos, Pwllheli, y Sadwrn hwnnw !

Ond 'roeddym ni'n ei haeddu hi am luchio cath wedi marw i ganol y tatws ar gar ' chips ' yr Eidalwr hwnnw o Gaernarfon. 'Roedd o wedi pechu yn ein herbyn ni am iddo wrthod gwerthu gwerth ceiniog o'i sglodion per-sawrus i Moi Wrench. Fedraf i byth anghofio trallod yr hen Eidalwr hwnnw pan welodd o fod ei fusnas o yn yr ardal ar ben. Rhoddodd ei ben i bwyso ar wal Idwal Villa a beichio wylo.

Fe fu'n rhaid i ni dreulio rhai o flynyddoedd yr argraffiadau pan oedd cysgod ofnadwy y Rhyfel Byd Cyntaf uwch ben ein byd ni. A dyna ddyddiau duon oedd y rheini : mae meddwl amdanyn nhw heddiw yn rhoi iasau o arswyd i ddyn.

Nid y dogni bwyd a'r prinderau oedd y boen fwyaf ond pethau fel hyn : clywed darllen yn y capel bron bob Sul, enwau hogiau clên a nobl o'r pentre fyddai wedi eu lladd yn y rhyfel, ac wedyn gwrando ar nodau galarus 'Ymdeithgan y Marw' ar yr organ-bibau, a phawb yn sefyll fel delwau.

Un gyda'r nos, bu bachgen glandeg a charedig yn ein dysgu ni sut i chwarae pêl-droed ar bonc Chwarel y Gloddfa Glai. Tynnodd ei diwnig gaci oddi amdano a rhoi dril iawn inni. Aeth yn ôl i Ffrainc drannoeth, a chyn diwedd yr wythnos honno dyna air yn dod ei fod o wedi ei ladd yn un o frwydrau cïaidd Fflandrys. 'Doeddwn i ddim yn deall sut y gallai dwylath o ddynoliaeth mor braf ddiflannu mor sydyn a direswm.

Fe fyddem ninnau'n chwarae sowldiers, yn stumio fel milwyr, yn martsio ar hyd heolydd y pentre â gynna clats yn ein dwylo ni a helmau papur am ein pennau, a thwr o enethod Tal-y-sarn yn ein canlyn ni mewn diwyg tebyg i nyrsus, a chroesau coch ar eu brestiau nhw. ' It's a long way to Tipperary' oedd ein cân, ac er bod y rhyfel-go-iawn ymhell oddi wrthym ni, 'roedd ysbryd rhyfel yn ein calonnau ni, ac fe fyddem ni'n ymladd hyd at waed efo giangiau o fechgyn o bentrefi cyfagos, a cherrig a phastynnau fyddai ein harfogaeth ni. 'Roedd yn anodd iawn deall pam y byddem yn cael ein curo gan ein rhieni am

fynd adref ag olion brwydro ar ein crwyn a'n dillad ni—
a ninnau'n gwybod mai arwyr oedd y bechgyn o Dal-y-
sarn oedd yn ymladd hyd angau ar faes y gad.

Er mai cael ein gorfodi i fynd i'r capel yr oeddyn ni,
allaf i ddim dweud heddiw na bu hynny'n fantais i mi.
Mae dyn yn dysgu llawer wrth rwbio mewn pobl, yn
enwedig pobl â rhywbeth yn eu pennau nhw, a rhai go
beniog oedd rhai o arweinwyr crefydd yn ein hardal ni yr
adeg honno. Ond, ar wahân i'r pethau da ddaru ni eu
dysgu mewn ysgol Sul a chyfarfod darllen, mewn seiat a
chyfarfod llenyddol a gobeithlu, 'roedd pethau digon
doniol yn digwydd yn y mannau hynny ar brydiau.

Difyrrwch pur fyddai gwrando ar Robyn Rhys, hen
yrrwr injian chwarel, yn holi'r plant yng Ngobeithlu
Salem. Rhywbeth fel hyn a glywech chi :

"Faint o anifeilied oedd yn arch Noa, 'mhlant i ?"

"Dau o bob rhywogaeth," oedd yr ateb cytûn.

"Wel, ia, ia, hic. Fedrwch chi'u henwi nhw, 'mhlant i ?"

"Llew a llewas".

"Ia, ia, hic. A be' arall ?"

"Eliffant ac eliffantas".

"Ia, ia, hic. A be' arall ?"

"Teigar a theigras".

"Ia, ia, hic ! Ond, mae 'na un neu ddau anifel bach
arall, yn 'does ?"

Distawrwydd, ac yna'r holwr yn ateb :

"O oes, mwnci-ciat a mwnci-ciatas. Ia, ia, hic !"

'Roedd paratoi ar gyfer arholiadau llafar ac ysgrifenedig
y Gymanfa Plant neu'r Henaduriaeth yn rhoi inni hyffordd-
iant ar sut i hel ein meddyliau ynghyd a'u mynegi nhw—
yn gyhoeddus neu ar bapur. 'Roeddym ni'n casáu gorfod
dweud adnod yn y Seiat noson waith, neu baratoi a
darllen papur mewn cyfarfod crefyddol neu ddiwyll-

iannol. Mae'n debyg mai tipyn o ad-daliad am y boen honno oedd yr hwyl o stwffo llwya te i bocedi gweinidogion a blaenoriaid mewn te Cyfarfod Misol pan oedd rhai ohonom ni'n cael ein gwobrwyo !

Am fod Dic a mi yn byw mewn tŷ lle'r oedd digon o lyfrau a chylchgronau a phapurau, Cymraeg a Saesneg—stwff y bydden ni'n ei fenthyca o'r siop yn bennaf—'roeddan ni â'n trwynau mewn llyfr neu gylchgrawn neu bapur yn barhaus. Byddai y *Cymru Coch, Cymru'r Plant, Trysorfa'r Plant* a *Gem* a *Magnet* gyda'u straeon am stranciau yn ysgolion bonedd Lloegr, a storïau am Buffalo Bill, yn ogystal â *Rhys Lewis, Gwedi Brad a Gofid* (T. Gwynn Jones) ac *Yn Oes yr Arth a'r Blaidd* gan yr un awdur, a chyfrolau Humphreys, Caernarfon, wedi'u rhwymo dan y teitl *Amryw*, wrth law o hyd.

O'r holl bregethwyr mawr, ac 'rydw i am danlinellu'r ansoddair yma—a glywais i yng nghyfnod fy llencyndod, pan oeddwn i'n gallu gwerthfawrogi rhywfaint ar bregethau, John Williams, Brynsiencyn, a roddodd y wefr fwyaf ysgytiol i mi. Fe'i clywais o ym mlynyddoedd yr argraffiadau mawr, cyn imi ddeall 'i fod o'n cefnogi'r Rhyfel Byd Cyntaf. 'Roedd i lais o, hyd yn oed pan fyddai yn llefaru mewn dull anadlog, tawel, yn glywadwy ym mhen-draw Pafiliwn mawr Caernarfon, mewn Sasiwn —cyn bod meicroffôn na phell-seinydd. Mae'n siŵr bod rhyw gyfrinach ym myd llefaru wedi'i cholli ar ôl dyddiau heulog John Williams, Philip Jones, David Williams, Thomas Charles Williams, Morgan Griffith, Dyfnallt, Peter Price, John Roger Jones, Jubilee Young a Llywelyn Lloyd. Fe glywais i y cewri yma i gyd ac fe allwn ddyfynnu rhai gemau o bregethau y rhain heddiw. 'Rydach chi'n sylwi fy mod i wedi enwi utgyrn arian o lawer enwad : y rheswm am hynny ydy fy mod i wedi gorfod cerdded cyfarfodydd pregethu efo fy nhad er pan oeddwn i'n fawr o beth. Cerdded yr holl ffordd i Rostryfan, ei hen ardal o, i glywed meistri'r pulpud, pobl fel Moelwyn Hughes ac S. T. Jones, y Rhyl, a'i hel hi i Sasiynau'r Hen Gorff a chyrddau pregethu'r holl enwadau. 'Roedd o'n gorfod fy llusgo i efo fo weithiau, ac mi gês ambell bwniad am nogio ar y ffordd. Ond 'rydw i'n falch heddiw fy mod i wedi clywed amryw o dywysogion pulpud Cymru yn dweud pethau na allaf i byth eu hanghofio nhw, a hynny yn y Cymraeg llafar cyfoethocaf a glywais i erioed.

Mae hyn yn dwad â mi at un o'r gwŷr yr ydwyf i'n fwyaf dyledus iddo fo o bawb, sef y Parchedig Robert Jones, gweinidog Eglwys Bresbyteraidd Tal-y-sarn, pan oeddwn i'n llefnyn. 'Roedd o'n athro dawnus wrth reddf yn ogystal â thrwy ei ddysg, ac yn ŵr â doethineb y byd hwn wedi ei lefeinio â gras yn ei gymeriad o.

Fe ddysgodd llawer ohonom ni fwy am y Beibl a'r credoau Cristnogol, ac yn wir, am fywyd yn gyffredinol, wrth ei draed o nag a ddysgasom ni mewn unrhyw ysgol. 'Roedd o'n fwy na gweinidog, 'roedd o'n ffrind agos atom ni, a allai ein deall ni a mowldio ein bywyd ni cystal â llawer seicolegydd.

Ar adeg etholiad am sedd ar y Cyngor Sir 'roedd prif stiward Chwarel Dorothea, Mr. W. J. Griffith, yn un o'r ymgeiswyr, ac 'roedd llawer o gynffonna iddo fo ymhlith y chwarelwyr. Ac er bod y gweinidog a'r prif stiward yn gryn ffrindiau, dyma'r geiriau a lefarodd Mr. Jones mewn pregeth y Sul cyn dydd y pleidleisio :

"Da chi, ffrindiau, peidiwch â cholli'ch penna' ddydd y lecsiwn ; ond fydde fo'n ddrwg yn y byd i rai ohonoch chi golli'ch cynffonna !"

Fe welodd o un o yfwyr mawr yr ardal yn cerdded

braidd yn simsan o Ben-y-groes i gyfeiriad Tal-y-sarn un noson, a dyma Mr. Jones yn stopio'i gar ac yn gwâdd yr yfwr i'w gerbyd. Heb sylwi pwy oedd y gyrrwr, dyma'r gŵr simsan i mewn i'r hen Awstin Saith, ac fe welodd wedyn pwy oedd wrth y llyw !

"Duwch annwl, rhowch fi i lawr, Mr. Jones ! Dydw i ddim ffit i fod wrth ych ochor chi," meddai yn ymddiheurol.

"Twt, lol,' ebe'r gŵr parchedig, " 'dydi'r hen gar 'ma ddim yn sylwi pan mor sad ydi traed y bobol sydd ynddo fo !"

Pan oedd y car yn nesu ar yr Half Way Inn, fe arafodd a stopio.

"Fflamio chi ! Dreif on, Mr. Jones, dreif on !" meddai'r yfwr. Ac felly y gwnaed. Fe fyddai'r teithiwr hwnnw'n gwrando ar Robert Jones bob nos Sul y byddai o'n pregethu gartref—yn sedd uchaf yr oriel—o barch i'w ddynoliaeth lydan a'i ddawn yn y pulpud, mae'n siŵr.

Roedd stafell y band yn lle eithaf difyr a hwylus i dreulio ambell noson oer neu wlyb, ac fe fyddai'r lle'n llawn pan fyddai'r band yn paratoi ar gyfer cystadleuaeth. Mi fyddai'n bur dynn rhwng Band Llan Ffestiniog a Band Nantlle mewn rhai gornestau, ac 'roedd gan gefnogwyr Band y Llan rigwm ffraeth :

> Band y Llan yn ennill 'mhob man,
> Band Nantlle'n ennill 'n unlle.

Fe fydden ninnau'n siantio aralleiriad o'r llinellau yna yng nghlyw cefnogwyr Band y Llan :

> Band y Llan yn colli mhob man,
> Band Nantlle'n colli'n unlle.

Senedd y pentre oedd y Cwt Du, oedd yn gaban bwyta i'r llwythwyr-llechi yn stesion Tal-y-sarn. Hen honglad o le oedd yn ddu o'r tu allan ac o'r tu mewn, a'n rhieni ni'n ein siarsio ni i beidio â mynd yn agos i'r lle am fod chwain yn tasgu o gwmpas oddi ar hen ddillad fyddai'n sychu yno ar ôl cawodydd. Mi ddysgais i lawer yn y coleg hwnnw wrth wrando ar ddadleuon diwinyddol a pholiticaidd ac wrth glywed pethau nad oedd clustiau ifanc i fod i'w clywed nhw! Morus Jones, Weirglodd Newydd, fyddai bardd a chyfarwydd y Cwt Du. Yr enw poblogaidd arno fo fyddai 'Ebra fi', am ei fod o'n dweud 'ebra fi' bron ar ôl pob brawddeg. Fo oedd Wil Celwydd Gola' ein hardal ni, ac 'roedd o'n rhigymwr dawnus. Mae un o'i rigymau lecsiwn o ar fy nghof i y munud yma :

> Drain duon yw'r arglwyddi,
>   A phigo wnânt y tlawd ;
> Rhy fach yw cyflog wythnos,
>   Rhy ddrud yw pris y blawd.'

Gem i blith 'i straeon o, gen i, oedd honno amdano fo ac Ifan Llanbabo yn Chicago ar ddiwrnod yn y gaeaf . . .

'. . . a hitha'n ddigon oer i rewi inc mewn potal. 'Roeddan ni'n sefyll,' ebra fo, ' ar gongol y stryd, a thoc dyna ni'n gweld band smart iawn yn martsio tuag aton-ni. Dyn! 'roedd gynnyn-nhw ddillad crand !—rhes o fotyma' aur ar 'u cotia' coch-nhw a sgidia patant leddar am 'u traed nhw. Ac ebra fi wrth Ifan Llanbabo. ' Peth od na basan nhw'n canu'r cyrn 'na.' A dyma fo'n troi ata' i ac yn deud : ' O'nd dydyn nhw'n chwythu'u cyrn fel yr andros —'drycha ar y trombons 'na, a 'drycha ar y drymiwr '. A, wir i chi, 'roeddan nhw wrthi hi gymint fyth ag y medren nhw, ond doeddan ni ddim yn clŵad nodyn o fiwsig. A wyddoch chi pam nad oeddan ni'n clŵad nodyn? 'Roedd hi'n rhewi mor galad nes bod y noda'n rhewi'n gorcyn wrth ddŵad o'r cyrn ! Tae waeth am hynny, 'roedd Ifan a fi yn digwydd sefyll yn union 'run fan, ganol mis Gorffennaf wedyn. 'Roedd hi mor boeth fel y gallech chi ffrio ŵy ar y palmant, hogia. A dyna ni'n clŵad y band gora glywsoch chi 'rioed yn chwara ' march ' ar-dderchog. Ond 'doedd yno'r un band i'w weld yn un-man.'

"Sut felly, Morus ? " gofynnodd un o'r llwythwyr.

"O, 'machgan annwl i, sŵn y band oedd yno yn y gaea' oeddan ni'n glŵad. 'Roedd o'n dadmar yn yr haul crasboeth, weldi," eba Morus Jones.

Wedi i mi dyfu'n dipyn o lanc, mi fentrais i ddweud rhywbeth yn ystod dadl boeth ar bwnc diwinyddol yn y Cwt Du, a dyna lywydd y caban, Huw Ifans, Gwernoer, yn fy rhoi fi yn fy lle yn daclus : "Yli di," medda fo, "mi wrandawn ni arnat ti wedi iti ddechrau gwlychu dy draed yn y petha !"

Ac am a wn i mai ' dechra gwlychu nhraed ' yr ydw i o hyd yn y pethau y byddai'r hen lwythwyr yn eu trafod hwy mor olau.

'Roedd Dic, fy mrawd, yn fwy mentrus na mi bob amser. Yn wir, nid wyf yn credu ei fod o'n gwybod beth oedd ofn corfforol. 'Rydw i'n cofio gweld posteri ar furiau yn Nyffryn Nantlle pan oedd Dic tua deunaw oed yn cyhoeddi mewn llythrennau bras :

' R. H. Jones, the well-known local
motor cyclist, will attempt the
WALL OF DEATH
at Llanllyfni Fair Ground
next Tuesday Night.'

'Roedd hogiau Tal-y-sarn yno'n lluoedd yn clapio'u dwylo pan gynigiodd Dic fynd rownd y bowlen-bren enfawr o arena efo'i fotor beic. Aeth o gwmpas y wal unwaith a syrthio, a chafodd £5 am ei drafferth. 'Roedd

o'n credu y byddai wedi cael gwell hwyl arni hi pe bai
beic dynion y sioe ganddo fe. Fe fethodd hyd yn oed ei
ffrind rhyfygus, Idwal Garn, â'i ddychryn wrth wneud
campau yn yr awyr yn syrcas awyr Allan Cobham ym
Mhorthmadog—a Dic wedi 'i strapio wrth sêt y Tiger
Moth. Fe ellid llenwi llyfr go drwchus efo hanes direidi
a champau a throeon siomedig gyrfa ' Dic Cloth Hall',
fel y gelwid o.

Anghofia' i byth mo'r diwrnod cynta' a dreuliodd Dic
a'i bartnar, Moi Wrench, yn Ysgol Fodern Gaernarfon.
Meddyliwch amdanyn-nhw'n yfed o sawl jiwg llefrith
oedd ar stepiau drysau'r tai ar eu ffordd i'r ysgol. yn dod
o hyd i berfedd cloc mewn bwced sbwriel, yn ei weindio
fo, a hwnnw'n larmio dros yr ysgol. A phan daflodd yr
athro y teclyn drwy ffenest y stafell aeth y ddau allan ar
ôl y perfedd cloc, a welwyd mohonynt wedyn y diwrnod
hwnnw ! 'Roedd y ddau wedi bod yng nghwch Dafydd
Rabar ar Afon Seiont !

I Ysgol Fodern Gaernarfon yr eis innau o Ysgol Gyn-
radd Tal-y-sarn ac yno fe gefais enaid tebyg i Dafydd
Thomas i'm dysgu, sef R. E. Hughes, mab i weinidog
Wesle, Cymro go-iawn a noddwr triw i rai'n dechra
llenydda. Mawr iawn ydi fy nyled iddo yntau.

Fe fyddai cwmni brwd o egin-feirdd, storïwyr ac eis-
teddfodwyr, rhai fel Mathonwy Hughes, Gwilym Eryri
Hughes, W. J. Davies, yr actor ; Hywel D. Roberts,
Idwal Jones, y dramawr a'r pregethwr ; Alwyn Thomas
a Dic fy mrawd, yn ymgynnull yn y tŷ ni i drin a thrafod
y Pethe ac fe fydden ninnau'n ôl i'w tai hwy. A dyna
seiadau a gaem ni.

Fe fyddai Robert Williams Parry yn dwad atom ni ar
ei hald o'r coleg neu o rywle yn rheolaidd, dwad yn swil
a gwylaidd, ac yn sôn am feirdd fel Keats a Shelley a

Houseman, am delynegion Eifion Wyn a Cheiriog ac am nofelau Thomas Hardy a straeon W. W. Jacobs. Fe âi i drafferth fawr i egluro techneg y soned i hogiau difanteision fel ni. Pan welodd o fi'n crafu 'mhen uwch ben gramadeg Lladin a gawswn gan fy ngweinidog i helpu i baratoi ar gyfer y Matric, dyna Bob yn dweud : ' Wyt ti'n meddwl dy fod yn gneud y peth gora', dŵad ?

Pam na blymi di i'r dŵr ? 'Dydi coleg ddim yn gneud llawar mwy na dal llaw dan dy ên di.' Fe'm cynghorodd i fynd i Swyddfa'r *Herald*, Caernarfon, i chwilio am waith.

Yr oedd yn adnabod Meuryn ac fe rôi air drosof. Fe gytunais innau, ac nid wyf wedi difaru byth.

'Roedd gweithio fel gohebydd lleol rhan-amser yn Nyffryn Nantlle wedi rhoi rhyw gymaint o awydd ynof i fynd i fyd papurau newydd. ac 'roeddwn i wedi dysgu tipyn am y dull o sgwennu oedd yn gweddu i wythnosolyn fel *Yr Herald Cymraeg* wrth weld ôl pensel las anhrugarog Meuryn ar fy nghopi i. Ac onid oedd bod yn ŵr y Wasg yn rhoi tocyn i ddyn i fynd i eistedd i seddflaen bywyd a thrwydded iddo fo i gael mynd y tu ôl i'r llenni, i weld mwy o'r ddrama, weithiau ? Ond fe gnociwyd amryw o'm syniadau rhamantaidd i am yrfa gohebydd yn fuan o'm pen wedi imi groesi rhiniog swyddfa'r *Herald* ar y Maes, yng Nghaernarfon !

Lle hanner-tywyll, digon afiach, gallwn feddwl, oedd y stafell lle'r oedd Caradog Prichard a mi yn crafu'n pennau am y pared â'r Golygydd. 'Roedd Caradog newydd orffen ei gwrs yn Ysgol Dyffryn Ogwen, Bethesda, ac yn hogyn swil â dyfnder ynddo fo. 'Roeddan ni'n dau wedi dechrau prydyddu yr adeg honno ac yn cael tipyn bach o hwyl ar gystadlu mewn eisteddfoda' lleol. Fedrech chi ddim peidio â dysgu pryd i ddyblu'r ' n ' a'r ' r ' a sut i gynganeddu yng nghwmni Meuryn. Gŵr eiddgar tros ei argyhoeddiadau a brwd iawn gyda'i hobïau oedd y Golygydd. 'Roedd yn Genedlaetholwr cyn sefydlu Plaid Cymru, yn gasglwr recordiau a chamerâu—a moduron.

Band Nantlle'n dod i ganu ar y Maes y tu allan i'r swyddfa a Charadog a mi'n rhuthro allan i'w gweld a'u clywed, a dyna Meuryn yn dweud, yn ei ddull mwyaf sychlyd :

Gwrando band, gwiriondeb yw !

Dro arall, fe ddaeth merch ifanc fingoch, â thrwch o enamel ar ei hŵyneb, i'r swyddfa, a gadael tonnau o bersawr Arabia ar ei hôl wedi iddi fynd allan. A dyma sylw sychlyd y Gaffer :

Rhoi ogla sent ar glai sâl !

Fe fyddai'n ei gaddo hi'n enbyd inni pan fethem ni ddod o hyd i wallau print mewn proflenni, yn enwedig ar un achlysur. 'Roedd Carneddog wedi anfon hanas marwol-aeth gwraig barchus o ardal Beddgelert i'w golofn, ' Manion o'r Mynydd ', ac wedi cloi ei ysgrif efo'r frawddeg hon : ' Galerir ar ei hôl '. Ond fel hyn y daeth allan mewn print yn *Yr Herald* : ' Galerir ar ei BOL ' !

Galwedigaeth sy'n galw am gywirdeb ffeithiol a manyl-der mawr ydyw galwedigaeth dyn papur newydd.

'Roedd 'na hen ŵr, Cymro uniaith, yn rhoi tystiolaeth mewn achos yn Llys Sirol Caernarfon, achos lle'r hawlid iawndâl am ddamwain ar ffordd. "Pa mor agos oeddech-chi i'r fan lle digwyddodd y ddamwain ?" gofynnodd bar-gyfreithiwr, trwy gymorth cyfieithydd y llys, i'r hen ŵr. "O, o fewn rhyw ergyd carreg glas-hogyn" oedd 'i ateb o. A dyna'r cyfieithydd yn edrych o gwmpas y llys, ac yn egluro i'r barnwr bod y tyst wedi ateb mewn idiom Gymraeg na ellid ei chyfieithu hi i'r Saesneg. Wedi'r cwbwl, fuasai "Within the stone's throw of a blue boy" ddim yn cyfleu'r ystyr ! Mae 'ergyd carreg glas-hogyn' yn llawar mwy nerthol nag ergyd carreg o law hen ŵr, ac 'roedd hynny'n awgrymu nad oed y tyst yn sefyll mor agos ag y gellid tybio i'r llecyn lle y bu'r ddamwain. Mae hyn yn dangos mor oludog ydyw iaith gyhyrog.

'Roedd y gyflog yn fach a'r oriau yn hir i aelodau staff *Yr Herald*, ond fe fyddai cwmni difyr yno yn bur aml. Mi fyddai rhai o wŷr mawr y genedl yn dod yno ar 'u sgawt. Fe glywech ddynion fel Beriah Gwynfe Evans, Eifionydd, Anthropos a Gwynfor—yr actor o Gaernarfon—yn rhoi'r byd llenyddol a gwleidyddol yn ei le, a *dyna* straeon ddôi i glust prentis o ohebydd !

Fe fyddai Eifionydd bob amser yn gwisgo gormod o ddillad i ateb i'r tywydd. Fe fyddai ganddo dop-côt yng nghanol Awst—os na byddai'r haul yn twnnu, ac fe fyddai ganddo fo fwffadîs o edafedd coch tew yn y gaeaf, andros o grafat yn hanner-cuddio ei ŵyneb, het galed, gochddu am ei ben ac ambarel yn wastadol dan 'i gesail. Fe fyddai'n britho tudalenna'r *Genedl* efo penawdau mewn cynghanedd, pethau fel 'Hanes Iesu yn y Sasiwn,' 'Difyrrwch Diorferedd,' a 'Truenus fyd y Transfâl'. Mae'n debyg mai Eifionydd oedd y cynganeddwr clyfraf a fu erioed. Fe aeth at ddrws tŷ ag arno y rhif dau-ddeg-dau (22), i ganfasio dros ymgeisydd Rhyddfrydol unwaith. A dyna glamp o Dori ffyrnig yn dŵad i'r drws. Gwgodd ar Eifionydd, druan, a dechrau ysgyrnygu ar ôl clywed ei neges. A dyna'r bardd yn bagio'n ôl ac yn syllu drwy ei sbectol ar y rhif oedd uwch ben y drws. Ac meddai o, yn ymddiheurol : "O—mae hwn tu hwnt i twenty' !

Rhyw fardd yn ei dreio ar daith mewn trên o Gaernarfon i Fangor un tro. "Mae hi'n braf yn Menai Bridge", meddai hwnnw. "Purion i fwyta 'porridge' !" oedd ateb Eifionydd ar drawiad. Tipyn o gamp oedd meddwl yn sydyn am odl i ' Bridge ', heb sôn am gael cynghanedd mor synhwyrol.

Dyn bychan, barfog oedd Bereia Evans hefyd, ac arloeswr ym myd y ddrama Gymraeg. Fo fyddai'n anfon ' Llythyr Llundain ' i'r *Herald* gan ddisgrifio'r hyn a fyddai wedi digwydd yn Nhŷ'r Cyffredin yr wythnos honno—er nad oedd o wedi bod ar gyfyl y lle !

Un ffraeth, mewn ffordd go sychlyd, oedd Anthropos. Pan welodd o Llew Owain, is-olygydd *Y Genedl*, yn croesi'r Maes un diwrnod, a sylwi mor dwt oedd ei wisg o, dyna Anthropos yn gofyn i griw oedd yn y stafell. "Sut y byddech chi'n cyfieithu enw'r bonheddwr yna, deudwch ?" Saib, yna : "Wel, ia, Llew Owain—Dandy Lion, yntê ?" Fe fyddai Anthropos yn gwreichioni gyda ffraethebion tebyg wrth lywio cyfarfodydd Clwb Awen a Chân y Dre.

'Roedd Caernarfon yn berwi o gymeriadau gwreiddiol y dyddiau hynny. Un oedd Joni Wyn Parry, hen lanc â ' cherôot ' yn hongian yn barhaus o'i geg, o. 'Roedd o'n cyfieithu hysbyseb i'r papur unwaith—un o hysbysebion y meddyginiaethau gwyrthiol hynny i ferched—a phan ddaeth o at y frawddeg : "She felt a bit seedy", dyma'i gyfieithiad o : "Teimlai yn bur hadog ! " Meddwn i wrtho fo ryw fore glawog : "Mae hi'n lŷb dan draed". "Ydi, dros ben" ! oedd ei ateb o !

'Roedd gan Meuryn golofn go frathog yn *Yr Herald* yr adeg honno, dan y teitl, ' Y Llen Llïain ', ac yn honno un wythnos fe ddigiodd lawer o bobl drwy ymosod ar un o englynion coffa Hedd Wyn gan Robert Williams Parry. "Does dim synnwyr," meddai, mewn dweud

Trawsfynydd, tros ei feini—trafeiliais,
Tros foelydd Eryri . . .

78

Mae Eryri ymhell o'r Traws." Fe lwyddodd un o ffrindiau Bardd yr Haf, sef John Evan Thomas, Pen-y-groes, i berswadio Bob, y llareiddia o feirdd, i fynd i weld Meuryn a'i fflamio fo. Ac 'rwy'n cofio gweld Bob a John Evan Thomas yn dod i'r swyddfa â golwg digon sychlyd arnynt. A dyna lle'r oeddwn innau, am y pared â chell Meuryn, yn disgwyl am daranau ! Ond yn fuan iawn mi glywais i chwerthin braf ! Gwelais Bob ar y ffordd allan a holi a oedd wedi 'i rhoi-hi i'r Golygydd. "Wel, dyma fel y bu hi", meddai Bob. " 'Roeddwn i'n mynd i mewn gan fwriadu cyhoeddi rhyfel a rhoi clipan i Meuryn ; ond pan welis i 'i fod o'n gloff, mi dosturis i wrtho-fo" ! Dyna fo Robert Williams Parry :

O'r addfwyn yr addfwynaf,
Ag o'r gwŷr y gorau gaf.

'Doedd o'n gwybod ond y nesaf peth i ddim am fecanyddiaeth, a phan oedd o'n gwerthu 'i feic-modur, y Sun— ' Yr Haul ' yr oedd Bob yn 'i alw fo—i'w ffrind, Gwallter Llyfnwy, fe luniodd restr o wendidau tybiedig y beic hwnnw a'u galw yn ' Ddiffygion ar yr Haul ' ! Aeth Gwallter ar gefn y beic-modur yn syth bin, a chafodd ddim dimai o gost arno fo am flynyddoedd.

Yn ystod ugeiniau cynnar y ganrif yma fe ddechreuodd llythyra ymddangos ar dudalenna papurau Cymraeg Caernarfon dan enw rhyw ' H. R. Jones, Deiniolen '. Gellid dal mai dyma wir gychwyn Plaid Cymru; 'roedd H.R., sefydlydd y Blaid wedi hynny, yn dadlau fod angen am ryw fudiad cenedlaethol i achub Cymru rhag y Seisnigrwydd oedd ar gynnydd hyd yn oed yr adeg honno.

'Roeddwn i'n bresennol yn y cyfarfod cyntaf bythgofiadwy hwnnw mewn caffi yng Nghaernarfon pan benderfynwyd sefydlu corff oedd i'w alw yn 'Byddin Ymreolwyr Cymru'. Er bod gwŷr enwog fel Ifor Williams, Thomas Rees, Bangor, yn bresennol, fe aeth yn dipyn o siop-siafins yno, a Dr. Lloyd Owen, Cricieth, a Mair Gwynedd yn wynebu ei gilydd fel dau geiliog ! H.R. oedd wedi cynnull y cyfarfod a dyna'r tro cyntaf i mi ei weld o. Dyn tenau, llwyd ei wedd oedd o ac 'roedd wedi'i danio gan yr helyntion yn Iwerddon yr adeg honno. Pryd bynnag y byddech chi'n cyfarfod ag o, fe fyddai yn obeithiol yng nghylch ei Blaid a Chymru. "Faint o aelode sy gynno ni erbyn hyn, H.R. ?" fyddai'r cwestiwn ambell waith. "O, rhwng deg a deuddeg mil" fyddai'r ateb yn wastad. Ac er nad oedd gan Blaid Genedlaethol Cymru yr adeg honno ragor na dwy fil neu dair o aelodau taledig yr oedd ateb cyfrwys H.R. yn llythrennol wir—'roedd dwy fil yn rhywle rhwng 'dwy a deuddeg mil', on'd oedd ? Tua'r adeg honno y deuthum i adnabod rhai o'r Cymry mwya diffuant a anadlodd awyr Cymru—pobl fel Lewis Valentine, Kate Roberts, D. J. Williams, Saunders Lewis, J. E. Jones a Morris Thomas Williams. Byddai dyn yn gweld y glewion hyn—ac eraill o'r un iau â hwy—yn ysgolion haf cynnar y Blaid.

Dyddiau'r gwawd oedd y rheini. Cafodd fy nhad gryn hwyl am ben Mathonwy Hughes a mi yn hwylio i fynd i siarad dros y Blaid yng Nghaeathro. 'Roedd gair wedi dod oddi wrth H.R., ar gerdyn, y bore bwnnw : "Rydach chi'ch dau i annerch yn Ysgol Caeathro heno". Mynd yr holl ffordd i Gaeathro ar gefn dau feic, a hitha'n bwrw glaw fel o grwc. Cyrraedd sgwâr y pentref dim enaid yn unman. Holi yn y Post. Na, doedd neb wedi clywed bod cyfarfod gan ' y pethe diarth 'na ' i fod yna. Anelu am yr ysgol, oedd gryn bellter o'r pentref. Gweld stêm ar y ffenestri goleuedig wrth agosáu at y lle, "Mae'r lle'n llawn, Math", meddwn. Trefnu yn y cyntedd pwy oedd i ddweud gair yn gyntaf. Agor y drws yn betrus a chanfod un dyn bach yn eistedd ar ddesg â lantern gorn yn ei law. Chwarddodd yn ddilywodraeth pan welodd o ni'n dau. Diniweityn y pentref oedd o. Fe aethum ar ein hunion i lawr i dref Caernarfon—i foddi'n siomiant â chwpaned o de cry'—a ' chips ' ! Aeth y stori am y cyfarfod od hwnnw fel tân gwyllt trwy bonciau chwareli bro ein mebyd ni drannoeth.

Pe cawn i fyw i fod yn ddau gant oed, mae'n debyg mai'r ymgyrch etholiadol gyntaf gan Blaid Cymru—brwydr Lewis Valentine am sedd Seneddol Arfon—fyddai prif ffynnon fy niddanwch politicaidd i. 'Roeddem ni'n griw o ymgyrchwyr anaeddfed yn ceisio cymell hen bennau ym myd gwleidyddiaeth i droi cotiau, ond diolch bod gennym rai siaradwyr gwir huawdl a ffraeth. Y mwyaf dylanwadol, mae'n siŵr, oedd yr ymgeisydd ei hun â'i Gymraeg cyfoethog a'i ddiffuantrwydd heintus. Un da hefyd oedd W. J. Davies, yr actor a'r nofelydd o Dal-y-sarn.

'Roedd o'n siarad unwaith ar ben clawdd pridd yn un o bentrefi Llŷn, a dyna berson y plwyf hwnnw yn dechrau heclo W.J. 'Roedd y siaradwr wrthi hi'n dadlau dros hunan-lywodraeth i Gymru ac yn disgrifio ein cenedl ni fel morwyn fach ddiwyd a glân oedd yn dyheu am gael ei thŷ ei hun. 'Roedd yr heclwr yn gweiddi ar ei draws o hyd ac o hyd : ' Dŷ'n ni ddim yn addfed, frawd. Ddim yn addfed". Tawodd W.J. yn sydyn, a chan syllu ym myw llygaid y person plwyf, meddai o : "Welsoch chi 'fala' surion erioed yn addfed ?"

'Rydw i newydd sôn am wlad Llŷn—darn o Gymru y mae gen i feddwl uchel iawn ohoni—ac nid y ffaith mai un oddi yno oedd fy mam ydyw fy unig reswm dros ganmol y penrhyn hyfryd sy'n cyrraedd o Bwllheli hyd Ynys Enlli. 'Roedd perthnasau fy mam i gyd yn Gymry uniaith oedd yn siarad y Gymraeg fwyaf cyfoethog a glywais i'n dod o enau undyn ; 'roedden nhw'n bobl garedig—fe fyddent yn hwylio 'paned o de i bawb a fyddai'n croesi rhiniog eu tai—ac yn byw'n agos i'r pridd a'r môr. Ac mae'r to presennol o deulu mam yn Uwchmynydd a Phwllheli lawn cystal â'r hen bobl, a deud y lleiaf amdanynt.

Efallai mai'r mwyaf gwreiddiol o'm perthynasau i ym mhen draw Llŷn oedd fy nhaid, tad fy mam, Rhisiart Williams, Pen-nant, i bobol Uwchmynydd. Dyn byr, â phopeth o'i gwmpas o yn hen ffasiwn. Dyna pam y bedyddiwyd o'n ' John Bunyan ' yn fuan wedi iddo ddod i fyw atom-ni i Dal-y-sarn. Dod liw nos â buwch gydag o, a lantern oleuedig yn crogi wrth gorn y fuwch ! Cafodd gwt clyd ar domen chwarel y Gloddfa-glai i gadw'r fuwch ynddo, a'i nefoedd o oedd mynd i orwedd yn y gwellt wrth ochr ei hoff anifail ambell ddiwrnod oer yn y gaeaf. 'Roedd o'n trystio pawb, hyd yn oed y trempyn dieithr a fyddai'n begio ar y stryd. Rhôi ei bwrs—cwdyn lledr â llinyn crychu wrth ei enau o—i'r trempyn a gofyn iddo gymryd ei gardod o hwnnw ! Ac felly'n union y gwnâi yn y siopau—ymddiried ei arian i'r gŵr neu'r wraig a fyddai yr ochr arall i'r cownter.

Cyn mynd yn olygydd *Y Brython*, yn Lerpwl, mi fûm i'n olygydd *Herald Môn* am ddwy flynedd, a phrofiad digon hapus oedd byw gyda phobl Môn yn Llangefni a Phorthaethwy. Anghofia' i byth mo'r gwersi a ddysgais i ym myd gwleidyddiaeth wrth fynd o gwmpas Ynys Môn adeg Etholiad Cyffredinol cynta' Megan Lloyd George, yr ymgeisydd Rhyddfrydol. Mi fyddwn i'n mynd mewn tacsi yng nghwmni pobl fel Phillip Jones,

Porth-cawl, a'r Athro Levi, Aberystwyth, dau o brif siaradwyr y Rhyddfrydwyr, ac yn mwynhau eu clywed yn cloriannu'r byd a'r betws. Ac fe gymerais i aml neges deleffon gan David Lloyd George i'w ferch ffraeth—pwyntiau ar gyfer areithiau fyddai ganddo fel rheol. Fo, gyda llaw, oedd y siaradwr aplaf a glywais i erioed ar lwyfan.

'Roeddym ni'n ymhél â'r ddrama er pan oeddym ni'n grytiaid, ond pan sefydlwyd Cwmni Drama W. J. Davies yn Nhal-y-sarn y cawsom ni fwyaf o hwyl ar gyflwyno dramâu. Mae'n wir mai dramâu digon di-lun oeddynt, ond 'roedd pobol mewn llawer cwr o Gymru yn tyrru i'n gweld a'n clywed ni. W.J. oedd awdur y rhan fwyaf o'r dramâu a fo fyddai'n actio'r prif gymeriad fel rheol : 'roedd o'n llunio'i ddrama gan gadw'i olwg ar yr actorion oedd ganddo. Fe aethom i helynt go fawr am berfformio drama bropaganda a sgrifennais i, Y Crocbren, drama'n pregethu yn erbyn yr arfer anwaraidd o grogi bodau dynol. Fe waharddwyd portreadu golygfa yn dangos y crocbren a gofynnodd yr awdurdodau trwyddedu yn Sir Gaernarfon i mi anfon cyfieithiad o'r ddrama i'r sensor yn Llundain. Fe wrthodais innau ac aeth y cwmni ymlaen i lwyfannu'r ddrama yn groes i ddyfarniad yr awdurdodau. Fy rheswm dros wrthod ceisio trosi'r ddrama oedd y dylid cael sensor Cymraeg. Ffrwyth ein protest ni fu achos yn y llys a dirwy ysgafn ar bob aelod o'r cwmni, ond yr achos hwnnw a fu'n foddion i benodi Cynan yn sensor dramâu.

'Roedd fy nghoesau i'n bur grynedig pan oeddwn i'n dringo'r grisiau serth i Swyddfa'r Brython, yn Stanley Road, Lerpwl, am y tro cyntaf. Nid peth braf oedd meddwl am geisio gwisgo sgidiau golygydd mor lliwgar â Je Aitsh, gŵr oedd wedi rhoi delw ei bersonoliaeth anghyffredin ar y papur. Mi deimlais i'n fwy cartrefol wrth anadlu'r un aroglau ag oedd yn swyddfa'r *Herald* yng Nghaernarfon—aroglau inc printio, aroglau papur ac aroglau metel yn toddi.

Yno'n fy nghroesawu i yr oedd gŵr byr, barfog â phâr o lygaid bychain craff yn syllu arnaf i y tu ôl i'w sbectol hen-ffasiwn, Hugh Evans, a'i ddau fab, Meirion a Hywel Evans. Bechan oedd y swyddfa olygyddol. Fel y dywedodd un o hogiau Tal-y-sarn ers talwm, 'Doedd yno ' ddim lle i ddyn newid 'i feddwl, heb sôn am newid 'i ddillad.' Dynion busnes bonheddig oedd yr Evansiaid, perchenogion y Wasg, a mawr oedd eu sêl tros yr eglwysi Cymraeg yr oeddynt yn aelodau, neu'n swyddogion, ynddynt.

'Roedd y Cymry oedd yn byw ar lannau Afon Mersi rhwng y tri-degau a'r pedwar-degau yn glynu'n bur lew wrth y Pethe Cymraeg, eu heglwysi a'u cymdeithasau, ac 'roedd yn eu plith nhw wŷr a gwragedd yr oedd yn werth i ddyn glosio atyn nhw.

Teulu y byddai hi'n werth i chwi fynd i'w cartref, yn enwedig ar bnawn Sul, fyddai teulu Dan Thomas, gŵr oedd yn gefn i bob achos da. Fe gaech chi weld rownd y bwrdd te fyfyrwyr croenddu a rhai melyn eu crwyn, yn ogystal â Chymry Cymraeg, a Dan a Mrs. Thomas yn tendio arnynt yn llawen a doniol. Sosialydd a Heddychwr mawr oeed Dan, ond ar ôl trafodaethau hir rhwng rhai ohonom ag o fe fentrodd Dan newid ei blaid. A dyna sut y daeth ei ferch, Rhiannon, yn wraig i Gwynfor Evans er na ddaru 'run ohonom ni ddychmygu y byddai hynny'n digwydd.

Un arall fyddai'n lledu ei adenydd dros Gymry ifanc a'r Pethe Cymreig yn Lerpwl oedd J. J. Williams, is-gyfarwyddwr addysg Birkenhead, cynhyrchydd drama ac awdurdod ar Ibsen. Fe gawsom lawer o hwyl mewn

cwmnïau bach dan ei nawdd o, gyda phobl fel Idris
Foster, O. Vaughan Jones, y llawfeddyg, ac Emrys
Roberts, a fu'n Aelod Seneddol dros Feirionnydd, yn
rhoi'r hen fyd yma yn ei le.

'Rwy'n cofio bod J. J. Williams a minnau'n dod o
stesion yn Birkenhead un pnawn, a beth welem ni yn
rhythu arnom ni ond poster papur cyfnos Lerpwl yn
cyhoeddi mewn llythrennau bras fod tri Chymro wedi
llosgi'r Ysgol Fomio yn Llŷn i'r llawr. Ymateb greddfol
J.J. i'r newydd syfrdanol oedd gofyn : 'Be gawn ni'i
neud ?' Ystyr hynny oedd ei fod o'n rhoi cefnogaeth
foesol i'r weithred.

Ymhlith yr argraffwyr yn Swyddfa'r *Brython* 'roedd
un Comiwnydd selog, Tom Lewis o Gaergybi. 'Roedd o
wedi troi'n anffyddiwr ar ôl cael profedigaeth lem. Fe
fyddai o ac Owen Ellis yn ymladd brwydr Undebau
Llafur y tu mewn a'r tu allan i'r swyddfa gydag ymroddiad
mawr. 'Doedd Tom ddim yn credu mewn pasiffistiaeth ;
fe fyddai'n arfer dweud wrth ddadla efo rhai ohonom ni :
'Rhaid ichi adeiladu muriau Jeriwsalem, hogia', efo
trywel yn un llaw, a chleddyf yn y llall '. 'Roedd o'n
berchen ar lais tenor melodaidd, a mi fyddwn i'n tynnu ei
goes o trwy ofyn iddo fo sut 'roedd o'n gallu cysoni'i
anffyddiaeth efo'r ffaith 'i fod o'n cael blas ar ganu geiriau'r
'Hallelujah Chorus' gyda Chôr Mawr Lerpwl, ac yn
cydnabod y 'Lord of Lords' ag un gwynt a gwadu ei
fodolaeth O efo'r anadl arall ? Ateb Tom fydde : 'Dyna
iti 'ngwendid i—'rydw i'n rhy hoff o ganu wst ti '.

'Rydw i'n eitha' siŵr erbyn hyn mai un o'r pethau
callaf a wnes i erioed oedd derbyn gwahoddiad Morris
T. Williams, priod Dr. Kate Roberts a pherchennog
Gwasg Gee ar y pryd, i ddod i Ddyffryn Clwyd o drwst a
baw y ddinas estron. Fe gefais y swydd o Olygydd y
North Wales Times yn Ninbych ychydig fisoedd cyn i'r

rhyfel diwethaf gychwyn. Nid yw'n hawdd anghofio
Eisteddfod Genedlaethol 1939, rhyw fis cyn i'r alanas
ddechrau ; 'roedd hi'n ŵyl o lawen chwedl cyn i lid y
don dorri arnom, a thref Dinbych a'r cylchoedd yn rhyw
un noson lawen fawr. 'Roeddan ni'n clapio'n nwylo i'r
anterliwd, *Tri Chryfion Byd* (Twm o'r Nant), neu'n yfed
siot (llaeth enwyn â blawd ceirch ar ei ŵyneb o) yn y
gwres llethol ar faes yr ŵyl ac yn rhyfeddu at gynhyrchiad
Steffan Hock o ' Llywelyn ein Llyw Olaf', ac mewn
hwyl fawr—nes i Lloyd George ein sobri ni â'i broffwyd-
oliaeth bod fory du o'n blaenau ni.

Tref a dyffryn da i ddod o hyd i ffrindiau cywir ynddynt
ydyw Dinbych a Dyffryn Clwyd, a'r lle mwyaf anodd i
droi cefn arno fo. Ac mae harddwch yr hen dref a'i
chylchynion yn cydio ynoch chi'n ddiollwng.

Mae byw mewn tre' lle mae ysbryd cewri fel Thomas
Gee, Thomas Jones, Emrys ap Iwan a T. Gwynn Jones,
i'w deimlo o hyd a lle mae'r iaith Gymraeg, a'r diwylliant
sydd ynghlwm wrthi, yn ffyniannus yn brofiad go am-
heuthun yn y Gymru sydd ohoni hi heddiw.

Yng Ngwasg Gee ac yn swyddfa'r *Faner* 'roeddan ni'n
barhaus yn sŵn brwydro—sŵn y frwydr anodd i gadw
gwasg a phapur newydd pwysig yn fyw. Oni bai am
aberth aruthrol nifer bach o unigolion penderfynol a
galluog, 'fyddai dim sôn am yr hen wasg enwog nac am
Faner ac Amserau Cymru erbyn hyn. Mae gweisg a
phapurau newydd llawer mwy goludog wedi syrthio ar
fin y ffordd yn y dymestl economaidd a ddaeth er yr Ail
Ryfel Byd. Fel y gŵyr y cyfarwydd, 'roedd polisi'r *Faner*
yn gwbl groes i bolisi rhyfel Llywodraeth Llundain ac
'roedd sensro llym ar ei cholofnau hi.

'Roedd ' Cwrs y Byd ', gan Saunders Lewis, yn dipyn
o boen i'r Weinyddiaeth Hysbysrwydd ambell wythnos

ac fe fyddai dadlau mawr drwy'r teleffon efo William Eames a'i gyd-swyddogion yng nghylch rhai pethau a ddywedid gan Saunders Lewis am y rhyfel. Fe fyddem ni'n gwrthod cytuno â brâs-gyfieithiad swyddogion y Llywodraeth o eiriau a brawddegau yng 'Nghwrs y Byd' weithau, a dwys fyddai'r bygythion. Cawsom wybod, trwy Aelod Seneddol mai'r Athro W. J. Gruffydd a achubodd *Y Faner* rhag cael ei hatal mewn un argyfwng.

'Roedd cyfeillgarwch clos iawn rhwng Morris Williams a Phrosser Rhys, golygydd *Y Faner* ar y pryd ; yr oedd gan y naill gymaint o ymddiriedaeth yn y llall nes byddent yn rhoi benthyg symiau digon sylweddol o arian i'w gilydd heb fath yn y byd o dderbynneb.

Fe gyflawnodd Morris waith da fel Cynghorydd Tref yn Ninbych ac mae gan bobl y dref barch mawr iddo hyd heddiw, yn enwedig y bobl gyffredin y bu Morris yn dŵr iddynt mewn cyfyngderau.

Un diwrnod fe'm slensiodd i i sefyll gydag o fel dau ymgeisydd am seddau ar y Cyngor Tref, a hynny yn enw Plaid Cymru—peth go fentrus yn gynnar ar y deugeiniau. Ar bwys ei record ardderchog o ar y Cyngor dymhorau yng nghynt, a thrwy rym pleidleisiau cyd-gapelwyr, fe'n hetholwyd—er nad oeddym wedi canfasio'r un tŷ na threfnu ymgyrch etholiadol.

Naw mlynedd buddiol i mi, beth bynnag am dreth-dalwyr Dinbych, oedd y cyfnod a dreuliais i ar Gyngor y Fwrdeisdref. Fe ddysgais i lawer am lywodraeth leol ac am y natur ddynol yn ystod y cyfnod prysur hwnnw.

Ar ôl marw Morris Williams fe aeth holl faich rheoli Gwasg Gee a'r *Faner* ar ysgwyddau Dr. Kate Roberts am gyfnod, a blynyddoedd anodd iawn oedd y rheini iddi hi ac i'r ffyrm. Mae'n wyrth, yn wir, fod y gwaith a'r papur wedi goroesi'r fath argyfwng. Fe betrusais i lawer cyn cydio yng ngolygyddiaeth *Y Faner* ar ôl marwolaeth Prosser Rhys. 'Doedd y rhagolygon ddim yn rhy loyw ac nid oeddym wedi sythu'n cefnau ar ôl colli dau gapten mor alluog. Ond 'roedd rhyw deimlad o deyrngarwch ac ymrwymiad i ffrindiau da yn gorfodi dyn i ddal ati hi efo'r dasg a oedd yn genhadaeth bywyd iddyn nhw ac i Dr. Kate Roberts.

'Roedd cyfeillachu â Kate Roberts yn y swyddfa bob dydd yn sicr o ddylanwadu ar agwedd dyn at lawer peth, ac yn arbennig tuag at bynciau llenyddol, a melys fyddai aml seiat rhwng pyliau o waith rhyngddi hi a Mathonwy Hughes, yr is-olygydd, a minnau. Peth braf oedd meddwl bod y tri ohonom ni yn dod o'r un gymdogaeth yn Arfon a'n bod hefyd yn arddel yr un ffydd boliticaidd. Yr hyn sy'n anos i'w ddeall—i bobl o'r tu allan—ydyw sut y daeth Sosialydd mor danbaid â Dr. Huw T. Edwards yn un o ddirmygedig griw *Y Faner* ac yn Genedlaetholwr. 'Roedd hi wedi bod yn ddrwg rhyngddo fo a mi am flynyddoedd, a phan gyhoeddodd o'r pamffledyn, *They Went to Llandrindod*, yn ymosod yn llym ar bleidwyr Senedd i Gymru, fe ymosodais yn bur bersonol arno fo. Ond fe ddysgais i barchu ei argyhoeddiada o a'i ddidwylledd er fy mod i'n anghytuno'n ffyrnig â'i farn am lawer peth. Pan oedd llong *Y Faner* ar suddo fe'i hachubwyd hi gan gwmni â rhai Saeson yn aelodau ohono, ond dros dro y llwyddwyd i gadw'r llong ar ŵyneb y lli. 'Roedd tranc yr hen bapur yn ymyl ac fe feiddiais i anfon llythyr at H.T. yn egluro'r sefyllfa. Ei ymateb oedd dod ar y ffôn cyn gynted ag yr oedd wedi darllen y llythyr a dweud ei fod yn barod i brynu'r *Faner* gan Wasg Gee ac ymuno â ni i geisio'i hachub.

'Os oedd 'nhad yn caru'r hen bapur mor fawr nes 'i fod o'n barod i gerdded am bellter o bedair milltir i nôl 'i gopi, y mae o'n werth i minna' dorchi fy llewys a mynd i mhocad i geisio'i gadw'n fyw,' meddai H.T.

A phan fyddai'n tywallt ei arian i'r banc i gadw'r *Faner* ar wyneb y don mi fyddwn i'n rhyfeddu at ei barodrwydd o i aberthu tros y pethau yr oedd o'n credu ynddynt. 'Roedd peth felly, mewn oes mor faterol ei bryd, yn adfer ffydd dyn mewn dynoliaeth a daioni. Ond un felna oedd Huw T. Edwards, y bardd a gollodd ei ffordd yng nghanol drysni Undebaeth Lafur a'r bywyd cyhoeddus.

Gŵr arall a fu'n gyfaill i'r *Faner* mewn cyfnod anodd oedd Rhydwen Williams. Pan oedd o'n gyfrifol am raglen Gymraeg Cwmni Teledu Granada fe ofalodd fod y papur yn cael cefnogaeth ariannol o'r cyfeiriad hwnnw.

Heddiw mae'r *Faner* yn nwylo caredig a gofalus perchenogion Gwasg y Sir, Y Bala, y brodyr Gwyn ac Eifion Evans, a thrwy eu haberth hwy, a'u diweddar dad, Mr. Idris Evans, y mae'r papur yn gallu anadlu a ffynnu. Yma eto, dim ond cariad at yr hen bapur sy'n procio'r cyfeillion hyn i ddal ati hi.

Fe fu H.T. yn aelod o Blaid Cymru am gyfnod byr, ac mae'n debyg mai dylanwad nifer bach ohonom ni oedd achos ei droedigaeth o, os dyna'r gair iawn am ddigwyddiad a barodd lawer o drafod. Ond, fy marn onest i, yw mai yn y Blaid Lafur yr oedd cartref ysbrydol Huw Pen-ffridd, er ei fod o'n caru Cymru mor angerddol a chywir â llawer cenedlaetholwr politicaidd. A 'doedd o ddim yn syndod mawr iddo ddychwelyd i gorlan Harold Wilson. Ond nid cyn magu llond tŷ o Genedlaetholwyr go-iawn.

Fe ddywedais i ar y dechrau mai tair hen geiniog yw fy ngwerth i. Wel, fe gafodd y gwerth tair ceiniog yma o ddynoliaeth brofiadau a breiniau ar daith bywyd na ellir mesur eu gwerth mewn arian. Efallai mai'r fraint fwyaf o edrych yn ôl ar bethau, ydyw cael bod yn aelod o

deulu clos ac yng nghanol ffrindiau go-iawn lle mae'r
Pethe Cymraeg yn cael eu hanwesu o hyd. Mae o'n
ffynhonnell cysur mawr i'm gwraig a minnau fod y plant
a'u teuluoedd yn byw'n agos atom ni, a bod ein hwyrion
ni, saith ohonynt, yn cael eu haddysg mewn ysgolion
Cymraeg. Gobeithio y bydd bywyd mor garedig tuag
atynt hwy ag a fu tuag atom ni.

'Rwy'n petruso cryn dipyn wrth gychwyn sgwrs yn y gyfres ddifyr hon, am mai pobol eraill ac nid myfi sydd wedi gwneud y llwybrau gynt yn ddiddorol, a mwy fyth, am mai cof bratiog tu hwnt sy gen i—Ond mi wna'i ngore.

Un o Langollen ydw'i—yr ieuengaf o blant John ac Elinor Rowlands a'r *bumed* ferch.   Druan o nhad, bu rhaid rhoi i fyny pob gobaith am fab ar ôl i mi gyrraedd.

Lle digon dinod—hynod brydferth—oedd y dref yn f'amser i, ac yn Seisnigaidd ddigon gan fod cynifer o ' fyddigions ' wedi dod yno i fyw—Cyrnols a Majors yn frith yn yr ardal yn byw mewn tai hardd a gerddi helaeth ar ôl iddynt ymddeol. Ychydig o Gymraeg a glywid fel arfer ar y stryd ac mewn siop, ac er bod Capel Cymraeg o bron bob enwad yno, yr oedd yr un nifer o rai Saesneg hefyd.

Groser oedd nhad—ac i'm tyb i, yn *llawer* iawn mwy pwysig na phob groser arall y clywes amdano. A dyma pam. Ar ddrws y siop yr oedd "sign" yn dweud :
        "John Rowlands—Established 1863—Italian Ware-
           houseman"
Wyddwn i ar y pryd ddim ar y ddaear beth oedd Italian Warehouseman, ond rown i'n eitha sicr ei fod yn rhyw-beth hynod dros ben.

Cofiaf wrth ddweud hyn, i ryw ŵr ym Mhorthcawl bymtheg mlynedd yn ôl ofyn i mi am dipyn o'm cefndir a minnau'n cyfeirio at deitl rhyfeddol fy nhad. Chwardd-odd dros y lle, "Wyddoch chi," medde fo, "trafaeliwr dros wholesale grocers oedd fy ngwaith i—ac 'rwy'n cofio'n dda am wraig weddw fechan o'r Rhondda, mewn cryn benbleth yn dod i mofyn cyngor a help gen i. Yr oedd ei mab yn dân gwyllt eisio'i brentisio i ryw Italian Warehouseman yng Nghaerdydd, ond sut yn y byd y medrai hi drefnu hyn, a'r bachgen druan heb wybod un *gair* o Italian ?"

Wel 'doedd dim eisie siarad Eidaleg yn ein siop ni—dim ond digon o Saesneg neu Gymraeg. Gan mor Seisnigaidd oedd awyrgylch y dref ar y pryd, yr oedd fy nhad wedi cael argraffu nifer o gardiau yn deud 'Siaradwch Gymraeg' mewn llythrene brâs—a'r rhain wedi eu fframio a'u rhoi ar y pared yma ac acw a hyn i gyd cyn *dechre*'r ganrif hon. Er iddo adael ysgol yn naw oed, yr oedd o flaen ei oes ar lawer cyfri, ac 'rwy'n gofidio na welais i hyn yng nghynt ac elwa mwy ar ei gwmni, gan y bu farw pan oeddwn i ar fin gadael ysgol. Yr oedd yn esiampl dda o'r tô fu'n *addoli* Addysg (yr A yn llythyren frâs) boed hyn mewn ysgolion nos, dosbarthiadau solffa, darlithio, cymdeithase llenyddol—unrhyw fudiad oedd a wnelo â diwylliant y Cymro cyffredin—ac ni fu erioed yn gyndyn i roi ei law yn ei boced i hybu'r gwaith.

'Roedd hefyd, bryd hynny, yn credu y dylai genethod gael yr un cyfle yn union, mewn addysg â bechgyn. Tipyn o 'Women's Lib' go gynnar, goelia i—a chofiwch fod ganddo *bump* o ferched ei hunan. Mae stori yn ein teulu ni, fod modryb wedi ceisio ei ddarbwyllo rhag gwastraffu arian ar beth mor ddi-anghenraid ag ysgol breswyl a nonsens felly. Gwell o lawer fydde iddo fynd â ni i'r sioeau amaethyddol oedd mor boblogaidd (yn union fel tase ni'n heffrod yntê) neu i Landrindod yn yr haf a'n priodi un ar ôl y llall. "Na, Sarann," medde nhad "os bydd gen'i rywbeth i adael i'r gennod yma, yn eu penne y bydd o ac nid yn eu pocedi." Felly, i ysgol **enwog**

Dr. Williams yn Nolgellau yr aeth bob un o'm chwiorydd, ond erbyn i mi gyrraedd yr oedd y County School ar fynd, a nhad fel rheolwr yn bownd o f'anfon i yno—ac yno y bûm i, yn hollol hapus hyd ddyddiau Coleg.

Un o Landrillo, pentref rhwng Corwen a'r Bala oedd nhad yn wreiddiol—mab tyddyn bychan o'r enw mwyaf delfrydol arno—Molysgedwi—ddwede bawb—ond Moel-is-y-Goedwig oedd yr enw iawn. Fyddwch chi fel fi, tybed yn dotio ar enwau cain ffermydd, caeau a manne eraill yn Gymraeg ? Rhyd Lafar, Cwm-rhyd-y-Ceirw (wedi ei dalfyrru i C.R.C. mi glywaf), Cwm Nant yr Eira, Gwern y Gigfran a'u tebyg.

Gadawodd teulu nhad y tyddyn yn Llandrillo, ac ef yn sprigyn ifanc iawn. Cofiaf ef yn disgrifio'r teulu bach—pob un â'i becyn yn ei law—yn disgwyl ar ochr y ffordd am i'r Goitsh Fawr eu codi. Un o Garrog—pentre rhwng Corwen a Llangollen oedd fy mam, ac ar ôl priodi, gwnaeth y ddau eu cartref yn Llangollen ac yno y buont fyw ar hyd eu hoes. Gwraig ffraeth, hynod groesawgar, oedd fy mam, a phawb yn hoffi cael aros ar ein haelwyd. Dyna'r arfer, yntê, yn yr hen amser—treulio noson, neu benwythnos yng nghartrefi pobol y byddai pawb—ar daith ddarlithio, neu arwain Cymanfa Ganu, weithie ar drip gwleidyddol—ac wrth gwrs pregethwyr bob Sul bron. Nid mynd i westy fydde'r enwogion chwaith, yn Saeson nac yn Gymry yn f'adeg i. Felly, bu nifer fawr o ymwelwyr yn aros ar ein haelwyd—pawb yn cael croeso, bwyd ardderchog a mwyniant i'r eitha, yn rhad ac am ddim. Mi ddysgais i lot am y natur ddynol, coeliwch chi fi, wrth wylio hynt a helynt, ac yn bwysicach, ymddygiad ambell un fu'n aros acw. Ydech chi'n cofio fel y bydde'r pregethwyr yn smocio cetyn clai coes hir ers talwm ? Churchwardens yw'r enw Saesneg ynte. Un o'm gorch-

93

wylion ar nos Sadwrn oedd agor bocs newydd sbon o
rhain wedi eu claddu mewn twslli—wel dyna ddwede ni—
ond dwst lli mae'n debyg oedd y gair. Pob peth yn hollol
'hygienic', chwi welwch. Pot mawr o Faco'r Achos
(dyna'n enw coeglyd ni arno) ar ganol y bwrdd i bawb
gael mygu faint fynnent. Deuai'r blaenoriaid fel rheol, i
gael gair gyda'r pregethwr nos Sadwrn, a deuent ar ôl yr
oedfa nos Sul hefyd yn aml—os oedd y pregethwr yn
ffefryn a phawb yn cael mygu'n braf. 'Does gen i yr un
cetyn clai ar ôl, wrth gwrs, ond mae gen i 'spitoon'
copor—hollol an-hygienic yn fy meddiant o hyd.

Busnes amlochrog oedd gan fy nhad, llawer iawn o
grasu bara—adran helaeth i drin hadau o bob math, a
nifer o stordai i wahanol bethe ; a chan fod y trolie yn
gwneud siwrnai penodedig i ryw ran o'r dyffryn bob dydd
o'r wythnos—roedd eisie gweision i drin y ceffyle yn
ogystal â'r rhai ar y cownter. 'Roedd ambell un yn
garictor go iawn hefyd. Clywid un yn galw fel hyn ar fy
mam un noson : "Piti na fase chi yn y cwrdd gweddi
heno, meistres, mi cures i nhw'n *racs* ar fy nglinie'.

Un atgof, sy'n dal i roi pleser i mi hyd heddiw oedd y
ddefod o gymysgu dail tê. Ar bapur pacio'n te ni 'roedd
y geirie "Teas blended to suit the waters of the district",
ac fel hyn y gwnaed. Yn y storws tê, 'roedd cist goed, cul,
y top yn agor, a'r ochr yn disgyn yr un pryd. Tu fewn,
drwm mawr o fetel a slot ar ei ochr yn agor a chau.
Handlen fawr fel handlen mangl—drwy'r drwm. Ar
fwrdd hir wrth ochr y gist, yr oedd canisters mawr, mawr
o ddail tê ac enwau ecsotig i ni, bryd hynny, fel Assam a
Ceylon arnynt ; o'u blaen rhes o debote bach twt tseina
gwyn a phob un â'i fowlen fach, a rhif arni. Berwi tegell
a rhoi'r dail gwahanol ym mhob tebotyn—Nhad yn
tywallt ychydig i'r fowlen—ei flasu (heb laeth na siwgwr)

a'i boeri allan i fwced, yn union fel mae blaswyr gwin yn gwneud yn broffesiynol heddiw—mae'nhw'n deud i mi. Yna, wedi gwneud nodiade ar bapur a phenderfynu faint o flas pob un oedd eisie, gorchynyn i'r gwas roi hyn a hyn o nymber 4 a hyn a hyn o nymbar 7 neu ryw ddewis arall yn y drwm. Cau'r slot ar yr ochr a throi'r handlen yn brysur a dyna fo'n barod i'w bacio yn bwysi neu lai—a'i anfon i lawr i'r silffoedd yn y siop. 'Roedd mwy o fynd nag arfer ar ein tê ni, mi gredaf, ar ôl i'r Frenhines Victoria, pan ar ymweliad a Sir Theodore Martin yn Bryntisilio— gŵr yr actores enwog yn ei dydd, Helena Faucit, orchymyn anfon cist ohono iddi i Lundain. Am a wn i, ni ofynnwyd am ragor ; hwyrach nad oedd dŵr Llundain yn siwtio'r blend.

Yn y County School, fel y deudais, y cefais f'addysg. H. R. Olley—Sais rhonc yn Brifathro a neb yn gweld dim o'i le yn hyn. Dyn o gymeriad cadarn, yn llawn hiwmor, ac yn ddoeth yn ei ymdrin â'r plant. Ychydig o Gymry fu ar y staff hyd at fy mlwyddyn olaf. Ond 'roedd dau gymeriad yn eu plith—Lias Davies a Carno Jones. Athro Lladin a Chymraeg oedd Lias Davies—athro tan gamp, fel y cofia disgyblion Llangollen ac hefyd plant ysgol enwog Tywyn—gan y bu ef yn athro yno yn nes ymlaen. Byddai'n reit chwerw, sarcastig, weithie—cofiaf ef yn rhyw lafarganu mewn llais main "Yn ara deg a phob yn dipyn, mae rhoi bwyd yng ngheg gwybedyn", a minnau'n gwingo ac yn cochi wrth wrando. Carno Jones, oedd y llall, athro Cemeg a Daearyddiaeth ; waeth i mi gyfadde, ddysgais i yr un fodfedd o'r naill bwnc na'r llall ganddo, ond fo oedd y cerddor ar y staff. Bu'n ein hyfforddi'n ddygn i ganu rhanganau clasurol (ni bu terfyn ar "Lift Thine Eyes" ac "O lovely Peace" am flynyddoedd). Hefyd Cantawdau eraill ac er syndod i lawer un, operetau Balfe ac eraill, "Maritana", "The Bohemian Girl" ag ati.

95

Yno y dechreuais i ganu'n gyhoeddus, a meddwl mod i'n dipyn o feistres wrth droedio'r llwyfan, mewn sgidie uchel, trowsus satin, clogyn hir o felfed gwyrdd, a het a phluen estrys enfawr yn disgyn ar f'ysgwydd. Cael tipyn o fraw hefyd wrth sylwi, a minne'n herio'r deyrnas yn y gân "Yes let me like a soldier fall", fod y cleddyf rown i'n chwifio wedi bachu yn y llenni uwch ben. Wrth lwc, mi ges i o'n rhydd heb dynnu'r lle na'r llenni am fy mhen.

Yn yr ysgol y byddwn yn canu, nid yn y capel. Fel 'rwy'n cofio, 'doedd Rehoboth ddim yn dra cherddorol. Caem ddysgu anthem fer rwan ac yn y man a chaem Gymanfa Ganu ardderchog unwaith y flwyddyn. Chwarae harmonium 'two-manual' pwysig oedd fy ngwaith i yno. Fel pob plentyn arall treuliwn orie lawer yn y capel— ddydd Sul ar ei hyd a sawl noson yn yr wythnos, ond 'doedd hyn ddim yn fwrn arna'i o gwbl, ac ni chlywais 'run o'm cyfoedion yn cwyno chwaith. Yr oedd dysgu adnode rif y gwlith yn rhan annatod o fywyd a disgybl-aeth, wrth gwrs, a dywedir fy mod yn eneth fechan, fach—mor fechan fel y bu rhaid fy ngosod ar gadair uchel yn y sêt fawr, fy mod wedi adrodd mewn Cyfarfod Ysgol neu'i debyg, y bennod hirfaith honno yn Eseciel sy'n trafod, o bob peth tan haul ,' esgyrn sychion ' !

Ym mil naw wyth daeth yr Eisteddfod Genedlaethol i Langollen a mawr fu'r prysurdeb a'r paratoi. Nhad wrth ei fodd yn pwyllgora ac ati, a ninne'r merched yn y côr a phethe tebyg. Ond cyn mis Awst 'roedd nhad wedi marw ac ni welodd yr ŵyl y bu mor frwdfrydig drosti. Credaf na welais well teyrnged syml a diffuant na honno ar y dorch flode oddiwrth ei weision : "Er cof am Feistr caredig, athro ffyddlon, cyfaill cywir, Cymro eiddgar— dyn da". Ond do, mi ddaru imi weld gwell teyrnged, honno yn eglwys gadeiriol Lerpwl i Syr Robert Jones, y meddyg esgyrn enwog : "Here lies all that could die of Robert Jones".

Ym mil naw wyth hefyd cychwynnais yng ngholeg Aberystwyth a phenderfynu dilyn cwrs anrhydedd yn y Gymraeg—Hyn mi gredaf, fel arwydd o barch i'm tad gan mai Hanes a Saesneg oedd fy ffefrynne i. Cefais waeledd trwm ar ganol fy mlwyddyn gynta yno a bu rhaid ail-ddechre y cwbwl yn f'ail flwyddyn. T. F. Roberts oedd y Prifathro—dyn sydêt iawn, byth yn codi'i lais, a'i ben, ran amlaf yn gogwyddo ar i lawr. Nid oedd yn agos iawn at neb—caech eich gwahodd yn ffurfiol yno i dê, neu caech air o gyngor yn eitha parod a charedig, os gofynnech amdano ond 'roedd tipyn o bellter rhyngddo â'r myfyrwyr—er i ni oll ei barchu'n fawr. Atgofir fi wrth sôn amdano, am ddywediad anfarwol Sarjant Wakeling—ef oedd porthor y Coleg, yn cadw trefn ar y lle ac ar y myfyrwyr. "*Mr.* Malaprop" os bu na un erioed —ei fwnglera efo geiriau yn rhoi hwyl dibendraw i ni i gyd. "He's a good man, Miss," medde fo wrthyf, "a very good man indeed, but he's not *addicted* to the Principalship". Yr oedd y cwrs anrhydedd yn y Gymraeg yn drwm a chynhwysfawr. 'Doedd dim dewis, er enghraifft, rhwng "Iaith" â "Llenyddiaeth" Cymru. Yr oedd yn rhaid dilyn y cwbl. Anodd hefyd oedd astudio Gwyddeleg, Llydaweg, Manaweg a Chernyweg heb ond y dim o werslyfre ar gael. Y canlyniad oedd darlithio di-baid, heb amser i ddilyn rhyw ddewis arbennig na chwilio yn ddyfnach i ran o'r maes. Cwrs wedi ei orlwytho'n afradlon i'm tyb i. Mi fyddai'n meddwl weithiau mai'r Athro Edward Anwyl ei hunan oedd yn gyfrifol—yr oedd yn gwrs cymharol newydd, a synnwn i ddim nad anelai at safon mor uchelgeisiol rhag i neb dybio fod cymryd gradd yn y Gymraeg yn rhyw fath o "soft option" i ni'r Cymry.

Meddyliwch mewn difri, ar un adeg beth bynnag, caem bump ar hugain o ddarlithie mewn wythnos a phob un *wan jack* ohonyn nhw yn Saesneg am y Gymraeg. Atebais i ddim erioed yn f'oes yr un cwestiwn mewn arholiad, sgrifennais i ddim yr un traethawd yn y cwrs (nac ar ôl hynny) yn Gymraeg. Fûm i ddim mewn trafodaeth nac ymdriniaeth ar unrhyw agwedd o'r cwrs yn yr iaith Gymraeg ;—yr oedd y cwbl, bob blwyddyn, yn Saesneg. 'Dydy hyn ddim yn lleihau fy mharch at Edward Anwyl, cofiwch—cawr o ddyn ym mhob ystyr, ysgolor o'r radd uchaf, eang ei ddiddordebau ac anhygoel eu wybodaeth, ac yn ddyn caredig heb na rhwysg na balchder—tipyn yn swil a ffurfiol efo'r merched hwyrach, ac yn hen lanc hyd ei ddiwedd.

Rhaid i mi gyfadde na ddaru mi ddim dechre gweithio fel y dylwn, ddim hanner digon caled—ond 'roedd cymaint o bethe diddorol ar droed yn ein plith—pwyll-gore, Lit & Deb, Y Gymdeithas Geltaidd ac wrth gwrs canu. Canu yn ddidor. Cyn mynd at hyn, gadewch i mi sôn am un peth reit wreiddiol wnes i yn y Coleg, tipyn o Women's Lib ar fy rhan inne hwyrach. Mae gan y Brifysgol wobr a elwir y Roberts Reading Prize am ddarllen yn gyhoeddus. Yr enillydd yn cael nifer o lyfre wedu ei rhwymo'n hardd a chael hefyd y fraint o ddarllen rhan o'r gweithrediade yn Seremoni Urddo'r Graddedig-ion. Yn ôl yr hanes, nid oedd merch wedi gwneud hyn erioed a ffwrdd â fi at y Cofrestrydd i ofyn a oedd hawl i ferch gystadlu. Gogleisiodd hyn J. H. Davies—ac un yn llawn o hiwmor oedd o. Aed yn fanwl trwy'r amodau a gweld nad oedd dim yn erbyn. Mi geisiais, ac mi enillais. Felly fi oedd y ferch gyntaf erioed i gymryd rhan swydd-ogol yn y ddefod a hynny yn yr hen Cinema, yn Terrace Road, lle cynhelid yr urddo nes cael lle mwy parchus ac urddasol.

Y dylanwad mwyaf grasusol arnom ni, ferched y coleg, yn f'amser i oedd caredigrwydd a hynawsedd Mrs. Tom Ellis. 'Roedd croeso bob amser i ni yn ei chartref artistig a chwaethus yn Laura Place. Bob p'nawn Sul yr oedd y bwrdd tê yn grwn o ferched y coleg, a bu yn ail gartre i nifer ohonom. Dyna'n wir ' addysg bellach ' o bwys i bob un ohonom. Y wraig osgeiddig hon, heb fymryn o rodres—yn llywio'i chartref mewn *steil* a hyn i gyd yn Gymraeg, gan brofi i ni nad Saeson yn unig oedd yn fyddigions.

Ond yn ôl at ganu. Bûm yn canu pob math o ganeuon, rhai sentimental, rhai clasurol, rhai poblogaidd—y cwbl—ond newidiwyd cyfeiriad fy newis ar ôl i Dr. Mary Davies, cantores enwog yn ei dydd, ddarlithio ar Alawon Gwerin Cymru yn y Gymdeithas Geltaidd. Yr oedd hi, fel rwyf finne erbyn hyn, yn rhy hen i ganu ar lwyfan a gofynnwyd i mi ddysgu'r enghreifftiau yr oedd hi am sôn amdanynt. A dyna ddechre oes gyfan o ddiddordeb a mwynhad yn y maes hwn.

Alawon fy ngwlad fy hun ar y dechre ac wedyn rhai y byd i gyd. Yn siŵr i chi, mae rhinwedde go sylfaenol mewn maes sydd wedi cadw'n ffres i mi am dros hanner canrif.

Profiad—dyna wreiddyn caneuon pwysicaf ym mhob gwlad—gan mai dyna'r unig ffordd oedd gan bobl i arllwys eu teimlade—ac wrth heneiddio a chael profiade newydd fy hunan 'rwy'n eu deall yn well, ac erbyn hyn wedi darganfod ystyr neu neges mewn ambell ddernyn digon eiddil a gwirion ar yr olwg gyntaf. Onid yw'n od mai pethe syml bywyd sy'n gadael yr argraff ddyfnaf arnom ; mae pethe cymhleth yn ennyn syndod ac yn codi cywreinrwydd siŵr iawn, ond yr hyn *gofiwn* ni ydy'r pethe syml, elemental digyfnewid, a dyna wir gyfoeth alawon gwerin i mi. Wedi'r cwbwl mae newyn a syched, pleser a phoen, cariad a châs yn dal i *deimlo* 'run fath o hyd, ie, mewn oes oleuedig, dechnegol fel hon. Dim ond "plisgyn" bywyd sydd wedi newid. Ond dyma fi'n dechre pregethu. Gadewch i mi ddweud wrthych am y Pedwarawd o Fyfyrwyr o Goleg Aberystwyth aeth yn 1911 i ganu ein halawon gwerin yn y Sorbonne, canolfan dysgedigion Ffrainc, ym Mharis. 'Roedd mynd i wlad arall yn fwy o fenter, bryd hynny cofiwch, nid rhyw fflipio mewn awyren ac yn ôl yn reit handi. O na, croesi'r môr wmaethom ni, a dim un o'r pedwar erioed wedi gweld Llundain heb sôn am fynd ymhellach. Ond dyma ni—yfi a Gwen Taylor, soprano a chontralto. Tudor Williams a Lewis Knight, tenor a bass.

Madam Barbier, gwraig yr athro Ffrangeg, cerddor proffesiynol uchel ei pharch yn Ffrainc, a'n hyfforddodd. Hi, hefyd, a'n dewisodd, nid yn gymaint fel lleisie unigol ond fel pedwarawd a phob llais yn ymdoddi'n hyfryd— gan greu sain melysber dros ben. Bu Lewis Knight a minnau yn canu unawdau hefyd. 'Martinet' oedd Madam, yn malio'r un botwm corn am ein teimlade, yn ein trin yn union fel y mynnai, yn llym ei thafod, ac yn ein gweithio fel blacs.

Ond dyna i chi brentisiaeth ardderchog ar ddechre gyrfa, yntê, i bob un ohonom. Dysgem ddarnau clasurol lawer, yn enwedig rhai Cesar Ffranck a Vincent Dindy yr oedd hi'n eu hoffi gymaint. Dyma'r ddelfryd fu o'm blaen i byth wedyn—bod yn rhaid wrth yr un safon wrth ganu'n halawon mwyaf syml ag wrth ganu miwsig gorau'r byd. Peth newydd oedd hyn, cofiwch. Yr arfer oedd gweithio'n ddygn ar bob agwedd o ddarn Saesneg, a chanu cân Gymreig o'r frest, ond cofio rhoi digon o *deimlad* yn y llais !

Buom ym Mharis am wythnos—gan dderbyn gwahoddiad i ambell gyngerdd er mwyn helpu at y gost. Yr uchafbwynt, yn naturiol, oedd y Sorbonne. Yr oedd J. H. Davies i annerch ond methodd ddod a gwnaeth yr Athro Timothy Lewis yn ei le. Cafwyd noson syfrdanol, a Madame ar ei huchelfannau yn y llwyddiant ysgubol.

Un noson, trefnwyd i ni ganu mewn cyngerdd oedd i ddechrau am ddeg o'r gloch y nos—deg y nos cofiwch, a ninne'n dod o Gymru 1911 ! Dyma wraig y tŷ yn ein cyfarch—tŷ, ddeudais i—palas yn hytrach yn un o ystrydoedd enwocaf y ddinas. Paladres o ddynes, fel talcen tŷ, mewn gwisg laes a felfed corduroy coch llachar a sôn am y " topless" heddiw, 'roedd hon yn y ffasiwn bryd hynny —Mi fyddaf yn cael hwyl hyd y dydd heddiw, wrth feddwl am y criw bach diniwed, dibrofiad a gwladaidd yn cerdded tua'r llwyfan a phob "lorgnette ' yn y lle yn codi'n syth i anelu atom fel *gwn*. 'Doedd Madame ddim yn rhyw hapus, chwaith. "What shall we sing first, *Dora*" meddai wrth agor y piano a minnau'n ateb yn reit lartsh "We'll sing our best first, ' Yr Hen Erddygan '," ac ymlaen â ni gyda threfniant syml dirodres Dr. Lloyd Williams o'r gân hiraethus hon. Er ein syndod, os nad braw yn wir, ar ddiwedd y pennill cyntaf roeddent ar eu traed ac yn chwifio'u rhaglenni. Bu rhaid ail ddechre, a chyn troi'n ôl i'r Gwesty yn orie mân y bore roeddem wedi canu pob darn yn ein repertoire.

Dwy waith yn unig y bûm yn cystadlu canu—unwaith yn eneth ysgol mewn Test Concert yn Llangollen a chael medal—dyn annwyl ! —a'r ail dro yn ennill yn Eisteddfod Genedlaethol Wrecsam yn 1912 mi gredaf—Diwrnod Lloyd George oedd hi, diwrnod y cadeirio, a'r ' suffragettes" wedi cyrchu yn fintai gref i'r seddau blaen. Gan ein bod ni'r cystadleuwyr newydd ganu ac yn disgwyl y feirniadaeth—cawsom eistedd yng nghefn y llwyfan tan ar ôl araith Llywydd y Dydd, Lloyd George, ac felly gwelsom y reiat i gyd. Bobol bach, mi ro'dd yno helynt hefyd. Gwelais het un o'r suffragettes yn cael eu *grafu*'n llythrennol oddiar ei phen—a hyn gan *wraig* arall hefyd. Yr hatpins hir henffasiwn yn sownd yn y corun o hyd a chynffonne o wallt hir gole yn hongian i lawr oddi arnynt o dan ddwy ochr y cantal ; roedd croen fy nghefn yn codi wrth edrych. Ond mae atgofion hapusach o lawer o'r 'Steddfod honno gan mai yno y cyfarfûm gynta â'r annwyl George M. Ll. Davies a fu'n ffrind mor glos ac agos i mi ar hyd ei oes.

Ar ôl y ' Steddfod hon, bûm yn canu'n ddifwlch yng nghyfarfodydd Blynyddol Cymdeithas Alawon Gwerin Cymru. Fel rheol, canu'r enghreifftie a gasglwyd yng nghorff y flwyddyn y byddwn, a chael mwynhad i'r eithaf yng nghwmni diddan yr annwyl Grace Gwyneddon Davies, Philip Thomas Glyn Nedd ac eraill. 'Rown yn canu mewn darlithie gan Dr. Mary Davies, Mrs. Herbert Lewis a Dr. Lloyd Williams drwy gydol y flwyddyn—yn wir, fedra'i ddim cyfrif faint o weithie y gwnes hyn i'r Dr. Lloyd Williams a chael dysgu rhywbeth newydd *bob* tro. Ond crwydro rydwi efo'r canu yma.

'Roeddwn wedi gadael coleg yn 1913 a bûm mewn tipyn o benbleth cyn penderfynu pa yrfa i'w ddilyn. 'Roedd Dr. Mary'n daer am i mi fynd i ddysgu canu'n broffesiynol a phan wrthodais pwysodd arna'i fynd i'r Swisdir at Dalcroze, ond gwyddwn nad oedd gen i ddigon o adnodde i'r naill na'r llall.

Erbyn hyn, 'roedd fy mam hefyd wedi marw, a'r cartref ar fin cael ei chwalu. 'Doedd dim hiraeth o gwbl am Langollen ar ôl hyn—yr unig le o bwys i mi yno oedd fy nghartre, ac ar ôl ei golli 'doedd dim tynfa i ymweld â'r lle.

Beth wnes i yn y diwedd, oedd mynd i Lundain, dysgu gwaith ysgrifennydd a chychwyn efo Herbert (Syr Herbert wedyn) Lewis oedd yn Aelod Seneddol dros Sir Fflint ac yn Weinidog yn y Llywodraeth. Bûm yn gwneud y gwaith a byw efo'r teulu am rai blynyddoedd a chael caredigrwydd dibendraw ganddo ef a'i wraig. Gŵr bonheddig i'r carn oedd o. Gweithio'n ddygn a chyd-wybodol gyda phob peth yn ymwneud â Chymru—gweithio'n ddirgel a distŵr yn fwy nag ar lwyfan a mannau cyhoeddus—er iddo gymryd ei le yno hefyd. Mi fyddwn yn gwylltio'n amal wrth sylwi ar eraill yn elwa ar ei waith ond heb gydnabod eu dyled iddo—ond ni phoenai hyn Herbert Lewis o gwbl. Bu Lloyd George yn dipyn o bechadur yn hyn, mi gofiaf. Gan fod diddor-debau Herbert Lewis a'i wraig yn gwahaniaethu i ryw fesur, a'r plant yn rhy ifanc i fod yn gwmpeini iddynt yn y gwahanol alwadau arnynt, rown i'n lwcus iawn i gael manteisio ar hyn a mynd, deudwch, i ryw "historic occasion" efo fo ac hefyd i ryw seremoni neu gyfarfod yr un mor ddiddorol ond llai ffurfiol gyda hi.

Wrth gwrs bûm yn gwrando ar wahanol ddadleuon yn Nhŷ'r Cyffredin—un tro adeg trin Ymreolaeth i Iwer-ddon pan fu bron pob Gwyddel yn y lle ar ei draed—yr enwogion fel Willie Redmond, O'Brien, T. P. O'Connor ac eraill yn codi un ar ôl y llall fel jacs yn y bocs. Dro arall i wrando ar yr hynod Winston Churchill yn areithio —ac O ! y siom ges i am ychydig eiliade—mwmian siarad, atal deud a chlirio'i wddf, ond yn sydyn dyna.r llif-ddorau'n agor a'r huodledd yn llifo dros bawb, pawb dan yr hudlath ac fel delwau heb symud gewyn.

Dywedid wrthyf, bryd hynny, mai fi oedd y ferch gyntaf i weithio yn Nhŷ'r Cyffredin—'Dydw'i ddim yn rhy siwr fod hyn yn gywir ond mi wn fod yn rhaid i bob

plismon yn y lle gael fy nghyfarch a dod i'm nabod gan
fod y Suffragettes ym mhobman a neb am gymryd siawns
yn fanno. Roedd cartref Herbert Lewis yn gyrchfan
i ugeinie o bobl ienanic—llawer ar ganol cyrsiau yn y
gwahanol golegau. Un arbennig iawn oedd Morfudd
Llwyn Owen—yr eneth dalentog fu farw mor ifanc—
cantores, cyfeilydd dihafal a chyfansoddwr addawol—na,
mwy na hyn, gan fod nifer o'i gweithie yn rhan o'n
cerddoriaeth cenedlaethol erbyn hyn.—Cafodd gefnogaeth
sicr a disyfl gan deulu Herbert Lewis ar hyd ei gyrfa.
Byddai Mrs. Herbert Lewis hyd yn oed yn gofalu am
ddewis a phrynu dillad addas i'r llwyfan iddi. Cenais
laweroedd o weithiau gyda hi, yn enwedig yng ngwersyll-
oedd De Lloegr ac yn Llundain ar gychwyn y rhyfel
cyntaf. Un noson fythgofiadwy yn y Town Hall,
Northampton ar Ffiwsilwyr Cymreig a'r fin cychwyn am
Gallipoli 'roedd Herbert Lewis yn y gadair, Mrs. Lloyd
George yn annerch a'i geiriau syml cartrefol yn mynd yn
syth at galon pob un yno ; Morfudd a minne, David
Ellis a Powell Edwards oedd y cantorion, mi gofiaf.

Y peth pwysicaf ddigwyddodd i mi yn fy mywyd oedd
priodi Herbert Jones, mab William a Sarah Jones o Blas
yn Blaenau ger Llangernyw yn 1916. 'Roedd wedi bod
yn Gomisiynydd yn Nigeria am sawl blwyddyn ar ôl
gadael Coleg yr Iesu, Rhydychen, lle bu, ymhlith nifer
fawr o bethe eraill yn Ysgrifennydd Cymdeithas Dafydd
ap Gwilym. Ar wylie yn y wlad hon, penderfynodd
ymuno â'r Ffiwsilwyr Cymreig ac ymladd yn y rhyfel a
oedd i roi diwedd ar bob rhyfela. Yr oedd cariad angerddol
at Gymru yn nodwedd gadarn ynddo a'r ' pethe ' yn rhan
o'i enaid. Er enghraifft, bu ef ac ewythr iddo, Hugh
Williams, yn Rhodesia yn llythyra am flynyddoedd gan
drin a thrafod pob cyfrol Gymraeg a anfonid allan iddynt

yn rheolaidd oddi wrth lyfrwerthwyr Cymru—un yn
Nigeria a'r llall yn Rhodesia.

Mae gen i gywilydd deud hyn, ond roedd Cymraeg
Herbert yn anhraethol well na'r eiddo fi, a'i wybodaeth o
hanes Cymru, â'i llenyddiaeth gyfoes yn llawer eangach
er na chafodd yr un wers arnynt erioed. Yn fuan ar ôl
priodi aeth allan i Ffrainc, ac yno y bu, yn ôl a blaen fel
miloedd eraill, hyd nes ei glwyfo'n ddifrifol iawn a'i
anfon i ysbyty yn Llunden. Erbyn hyn, 'roedd wedi ei
godi yn G.S.O.—General Staff Officer felly ; General
Smith yn G.S.A., Edward, Tywysog Cymru (Edward
VIII) yn G.S.O.2 a Herbert yn G.S.O.3 ac mae nifer o
lythyre byrion oddıwrth Edward ato yn yr ysbyty yn fy
meddiant o hyd.

Dylwn egluro, hwyrach, sut i ni feddwl am osod enw
Herbert o flaen y Jones yn fy s'nam. Nid snobyddiaeth
nac unrhyw ddyheu am fod yn ' double-barelled '
achosodd hyn. Nac e'n wir, ond tra bu ef yn ymladd yn
Ffrainc, cefais delegram—*ddwy* waith ar wahan—yn fy
hysbysebu ei fod wedi ei ladd—er nad oedd wedi ei
glwyfo, y naill dro na'r llall. Yr own i wedi cael mwy
na digon erbyn yr ail dro ac yn mynnu cael rhyw ' label '
i'n gwahaniaethu oddiwrth y cannoedd Joneses yn y
Gatrawd Gymreig. Tase chi ond wedi clywed yr hwyl a'r
direidi ymhlith ein ffrindie wrth gynnig enw—nifer am
gael sawr Nigeraidd ar y busnes a blasu cymysgedd fel
Mrs. Emugu Jones a Mrs. Oshogbo Jones ond dewis
cymryd enw Herbert ddaru mi a bedyddiwyd y ddau
blentyn yn yr un modd.

Erbyn diwedd 1916 yr oeddwn inne yn Ffrainc ond
nid efo'r Prydeinwyr ond yn Troyes, tref agos at Verdun.
Yr oedd Gwendoline Davies, merch hynaf Plas Dinam—
a Gregynog wedi hynny—wedi agor canteen a sied gyf-

agos i roi tipyn o ymgeledd i filwyr Ffrainc cyn troi i'r frwydr. Nid oedd swyddogion Ffrainc yn gweld angen am hyn o gwbwl—ond gan ei bod hi am dalu'r costau i gyd cafodd ganiatâd ar ei hail gynnig, a hithau'n gwneud yr amod mai ei ffrindie hi yn unig oedd i weini yno. Byddem yn treulio drwy'r dydd mewn iard goed—a chysgu'r nos mewn gwesty gerllaw. 'Roedd hyn, am ryw reswm, yn saffach—yn eu tyb nhw—caed coffi poeth, papur sgrifennu, a hel llythyre, a mân bethe felly yn y canteen, ag yn y sied gyfagos rhyw lun o adloniant—'Living pictures' a chyngerdde ran fwyaf—a throi handlen a chanu oedd ein gwaith yno ar ôl tê. Tyrrai'r milwyr yno ac nid anghofiaf y wefr aeth drwof wrth weld milwr canol oed, yn ddigon gwael ei lun, yn wyn a theneu yn cusanu baner Ffrainc un tro pan chwaraewyd y Marseillaise. Dwn i ddim sut y bu gen i lais o gwbl ar ôl y gaeaf yno, yn canu noson ar ôl noson, ym mwg y sigarenne cryfion, dŵr chwys yn llifo i lawr y walie, stêm yn codi oddiar dillad gwlyb y dynion. Am wn i, doedd fawr o bwys *beth* a ganem— caneuon Saesneg, caneuon Cymru—gan egluro tipyn cyn cychwyn, a chaneuon Ffrainc—reit boblogaidd y rhain gan fod yr acen yn un hollol bersonol i mi fy hun ! !

Ar ôl treulio'r gaeaf ar ei hyd yno, deuthum adre i Lerpwl at fy chwiorydd, a thra bûm yno cefais alwad i gychwyn ar waith tra chyfrinachol i Arglwydd Raglaw Iwerddon—yr Arglwydd Wimborne ar y pryd—a mynd a dod o Lundain oedd fy hanes am y deunaw mis nesaf. Syrthiais mewn cariad â Dulyn—er fod creithie galanas Pasg 1916 ym mhob man—Gwrandawn yn awchus arnynt yn sgwrsio—dyna ddawn trin geiria a disgrifio sefyllfa sydd ganddynt ynte. Yn wir, byddwn yn mynd ar y tram ar hyd y Liffey yn unswydd er mwyn cael gwrando arnynt— ac yn arbennig ar ferched glanhau'r swyddfeydd yn gynnar

cyn brecwast. Mynd i'r Abbey Theatre bob cyfle gawn—
yr hen Theatre yn 'shabby' a dilun ; a hanner gwag yn
amal, ond yr actorion yn syndod o fedrus a hudolus.
Mynd hefyd i'r capel bach Cymraeg—a theimlo rhyw
naws ysbrydol dwys yno pan geid criw o forwyr yn yr
oedfa. Yr oedd y 'packet' o Gaergybi yn aros o nos Sadwrn
hyd nos Sul yn yr harbwr a phob mordaith yn ddigon
peryglus.

Erbyn hyn 'roedd Herbert wedi gwella o'r clwyfau a
gafodd yn Ypres, ac yn medru ail ymuno a'r Ffiwsilwyr—
yn Limerick ar y pryd. Trefnais, felly, i dorri ar fy ngwaith
yn y Viceregal Lodge—gan addo ail gydio a'i orffen
maes o law, a mynd i Limerick i ganol y Ffiwsilwyr
unwaith eto—a chan nad oedd Caplan Cymraeg gan-
ddynt yno, trefnu gwasanaeth Cymraeg bob Sul cyn yr
oedfa Saesneg yn y capel Baptist a chwarae'r organ yno
fy hun.

Galwyd Herbert i Lundain mhen tipyn a mi gyr-
haeddais innau yno mewn pryd i ofalu am drefniade ethol
Herbert Lewis fel aelod cyntaf Prifysgol Cymru yn y
Senedd. Troi i orffen gwaith Iwerddon wedyn yn Llun-
dain ac ymhen ychydig ganwyd fy merch Elsbeth—
popeth yn daclus ddigon.

Yr oedd fy ngŵr â'i fryd o hyd ar droi'n ôl i Nigeria.
Carai'r wlad, carai'r brodorion fwy fyth—ac i fod yn
onest, doedd fawr o swyddi deniadol ar gael yma ar y
pryd. Felly yn ôl yr aeth. Gwnaeth waith mawr yno, yn
ddiddadl—ac 'roedd dawn hynod ganddo i adnabod a
thrin y brodorion. Cofiaf ef yn deud mae ' Llyfr Leviticus '
oedd y gwerslyfr cyfreithiol gore ar gael yn achosion y
Llys y bu'n gyfrifol amdanynt. Gan ei fod yn llythyrwr
di-ail—ac mae gen i bob un o'i lythyrau—fe gawn i hanes
ardaloedd, storïau am y brodorion a llun gweddol dda o

sut 'roedd y wlad yn datblygu. Mae'n siŵr eu bod yn ddogfenne hanesyddol hefyd erbyn heddiw. Yr oedd ei gyfraniad yn ei swydd mor sylweddol fel y bu teyrnged iddo yn Nhŷ'r Cyffredin gan Ysgrifennydd y Trefedigaethau un tro—a hwnnw'n neb llai na Winston Churchill. Ganwyd mab i ni yn 1922, a chan y cafodd Herbert ar ddeall fod swydd gryn bwysicach yn ei aros wrth droi'n ôl i Nigeria, penderfynodd gael triniaeth lawfeddygol i wella hen anhwylder ag effaith ei glwyfau.

Yn annisgwyl iawn—hyd yn oed i'r meddygon—bu farw dan y driniaeth, ac yntau yn ddyn ifanc prin wedi cyrraedd un ar bymtheg ar ugain. Bu gwasanaeth angladdol dwys yng nghapel Charing Cross, pan fedyddiwyd y mab bychan hefyd. Mi wn nad anghofir yr oedfa hon gan neb o'r rhai a oedd yn bresennol.

Ond roedd fy mywyd yn chwilfriw mân. Euthum yn ôl i Aberystwyth, lle'r oeddwn wedi cael tŷ am dymor, a'm chwaer erbyn hyn yn darlithio yn adran addysg y coleg. Rhaid oedd wynebu bywyd a chael gwaith i'n cadw, y fi a'r plant. Ond beth ?

Blynyddoedd yng nghynt, yn y coleg, yr oeddwn wedi gwneud cwrs mewn Palaeography—dwn i ddim be ydi'r gair Cymraeg—yr Athro E. A. Lewis—mor enwog yn y maes—wedi pwyso arnaf i wneud hyn—er na welwn i y gwnawn fawr o ddefnydd ohono. A felly, trwy garedigrwydd John Ballinger, y Llyfrgellydd cyntaf, bûm yn darllen hen ddogfenne a chyffelyb am tua phedair blynedd. Tua'r adeg yma hefyd yr oedd y Dr. Thomas Jones (T.J. fel y'i galwyd gan bawb) yn daer iawn i mi fynd i'r Wasg yng Ngregynog—ond tipyn yn gyndyn own i. Yr oedd T.J. yn hen ffrind i'n teulu i, oddiar pan fu fy chwaer hynaf yn y coleg efo fo a'i wraig Rene. Bu'n glos iawn ataf ar hyd y blynyddoedd ac yn ddylanwad mawr arnaf hyd ei farw yn 1955. Treuliodd oriau lawer yn fy nghartref yn Nhregynog yn trin a thrafod pob peth dan haul ac mae ei lythyre yn drysore.

Bu diddordeb mewn argraffu gennyf ymhell cyn sôn am Wasg Gregynog. 'Roeddwn wedi archebu gwaith gan y Cuala Press o Ddundrum yn Iwerddon—y perchennog Elizabeth Yeats, chwaer y bardd enwog wedi dod yn ffrind personol i mi ; darnau o farddoniaeth Cymreig oedd y rhain, gyda llythyren liw i gychwyn ac addurniade yma ag acw ar y ddalen. Y syniad oedd eu gwerthu a'u gosod mewn ffram fel pictiwr—ond ro'n i'n rhy swil ac anwybodus yn y fenter. Yn wir, mi gariais fwndel i un Eisteddfod Genedlaethol a dod adre heb ei agor. Yn y diwedd eu rhoi i ffrindiau yma a thraw wnes i.

Derbyniais y gwahoddiad i fynd i Gregynog yn 1927 gan fod tŷ a chartref sefydlog yn denu erbyn hyn. Yr oedd y chwiorydd yn cartrefu yno hefyd, wedi gadael Llandinam. Yr oedd T.J. yn awyddus iawn i gael mwy o Gymry a Chymraeg yn y Wasg. Dyna sut y denodd John Hugh Jones o Sir Fôn i ddod yno yn gysodydd ac yn dipyn o bob peth arall yn y wasg, ymhen amser, ac iddo aros yno hyd nes cauwyd y wasg yn 1939/40. Fel y gŵyr llawer, T.J. *oedd* y wasg, i bob pwrpas. Arian y merched oedd yn ei chadw i fynd wrth gwrs a diddordeb diflin Gwendoline Davies ynddi—ond heb T.J. ni fase'r cynllun wedi para. Efo oedd yn chwilio am artistiaid, am reolwyr, ac yn hollol sicr ni fuasai un llyfr Cymraeg ar y rhestr onibai am ei ddyfal-barhad di-ildio.

Tybed faint sy'n cofio heddiw fod pris pob copi yn Gymraeg yn is na'r gost, er mwyn denu'r Cymry i'w prynu, a bod y ddwy chwaer yn talu'r gwahaniaeth—y golled felly ar bob copi—yn ôl i gyllid y Wasg. Y *safon* ym mhob rhan o'r gwaith sydd yn bwysig yn y wasg hon—a hyn sydd yn cyfri am y diddordeb parhaol yn y llyfrau a'u prisie uchel—hyn a'u prinder—wrth gwrs.

'Roedd *safon* yn bwysig hefyd yng ngweithgaredde'r lle drwyddo,—yn y Plas, yn y gwasanaethau crefyddol arbennig a drefnwyd ar gyfer y gwahanol gynhadleddau a gynhelid yno—ac 'roedd nifer ohonynt mewn blwyddyn —'Roedd côr bach rhyfeddol yno—merched a meibion yn gweithio ar y stâd, yn y tŷ, neu yn y wasg, bron bob un ohonom—yn canu yn y gwasanaethe ac yn y Gwylie Cerddorol o 1933 i 1938—rhain yn breifat ac ar wahoddiad yn unig. Dros y penwythnos gyntaf ym mis Gorffennaf a'r gerddi ar eu harddaf y ceid yr ŵyl—miwsig, barddoniaeth a chelfyddyd. Ymgodymai'r côr â gweithiau uchelgeisiol, anodd dan arweiniad Syr Walford Davies neu Syr Adrian Boult ar ôl ei hyfforddi bob nos Wener gan W. R. Allen o Aberystwyth. Cyfaddefodd Syr Adrian beth amser yn ôl—ar y radio—na chlywodd ef erioed debyg i'r côr bach hwn yn canu Salm 121 yn y Gwasanaethau.

Mae llawer o adrodd—ac ail-adrodd ar y stori fod yn rhaid i bob ymgeisydd am swydd ar y stâd yng Ngre-gynog, fod yn denor neu yn faswr. Tynnu coes ydi hyn i gyd, wrth gwrs a direidi Syr Walford a gychwynnodd y stori, mi wn. Siom fawr i mi oedd na fedrem ganu alawon gwerin yn ddeniadol o gwbl nac yn Saesneg nac yn Gymraeg—cloffi bob tro fydde ni—diffyg darfelydd tybed? Yn 1928 mi es i Prague ar ran Cymdeithas Alawon Gwerin Cymru i gynhadledd ryngwladol fawreddog fyd-eang. Bargen i'r trefnwyr hwyrach, am i mi fod yn darlithio a chanu ; dwy orchwyl am bris un tocyn felly. Yr oedd deugain o Gymdeithas Lloegr yno a'r enwog Keith Faulkner yn canu'r unawde yn odidog. Credaf mai'r Saeson a synnwyd fwyaf wrth wrando ar ein trysore ni— (Yr oedd yr Almaenwyr yn gwybod llawer amdanynt

eisoes), gan eu bod hwy, y Saeson yn tybio, hwyrach, mai
' Harlech' ac 'Ar Hyd y Nos' oedd cyfanswm ein
cynhysgaeth. Cefais ganu ein halawon mewn cyngerdd
gyda Marjorie Kennedy Fraser yno ac yn Vienna. Daeth
llu o wahoddiade o Loegr ar ôl y trip yma. Un arbennig
yn y Friends' House yn Llundain a'r Dr. Vaughan Williams
yn llywyddu cyfarfod o Gymdeithas Alawon Gwerin
Lloegr. Buom ein dau yn sgwrsio am orie ar ôl y cyfarfod.
Dyna sut i mi gael y fraint fawr o ddod i nabod a chael
cyfeillgarwch cynnes dau gawr ym myd cerddoriaeth—
Dr. Vaugham Williams a Gustav Holst. Ni allaf fyth
fesur fy nyled iddynt na diolch digon am eu hynawsedd,
eu gofal amdanaf, a'u cefnogaeth ar hyd y blynyddoedd.
Dim ond dynion gwir fawr fase'n gweithredu fel y
gwnaeth y ddau hyn at un ar waelod yr ysgol megis
Ond fel yna mae hi, 'rwy'n dyst.

Siom oedd digwyddiad arall ym myd alawon gwerin a
neb i feio amdano. 'Roedd Paul Robeson ar ôl gwneud
ffilm yn y Rhondda, ac ar adeg y dirwasgiad wedi addo
treulio wythnos yno i gyngherdda—yn canu a dehongli
alawon y negro ar yr amod y ceid un i wneud yr un
gymwynas iddo yntau drwy ddehongli a chanu alawon
Cymru. Gofynnwyd i mi wneud hyn a chytunais yn
llawen iawn. Ond cafodd Robeson salwch a bu rhaid
gohirio, ac erbyn iddo fendio 'roedd ei 'agent' yn erbyn
torri trefniade a wnaed iddo a dyna ddiwedd ar y cynllun.

Yng Ngregynog, gweithiwn fel arfer, ar fil a myrdd o
bethe nes dod y rhyfel a rhoi pen ar bob dim. Cauwyd y
wasg, a gwnaed y Plas yn rhyw lun o ysbyty dan y Groes
Goch a bu'n ganolfan i blant ffoaduriaid ar ôl hynny.

Yn 1940 dewisodd Elsbeth fy merch—a hithe ond
newydd gyrraedd un ar hugain oed, fentro fel 'escort'—
dyna'r enw roid arnynt—i ofalu am blant o Dde Cymru

ar y fordaith i Awstralia, pan symudwyd nifer helaeth rhag y bomio a'r galanas a ofnid. Hi oedd yr ieuengaf o lawer ac felly yn ffefryn gan y plant. Yr oedd nifer o'r escorts yn ferched canol oed yn troi'n ôl i'w cartrefi yn Awstralia—Glaniwyd y plant yno'n ddiogel ar ôl mordaith droellog, hir a pheryglus, a chawsant groeso mawr. Ar y fordaith adref, mewn llong teithwyr, y *Rangitano*, a dorpediwyd, clwyfwyd Elsbeth yn echrydus, ac er pob gofal ac ymdrech gan y meddygon Almeinig, yn ôl yr hanes, bu farw ar y llong garchar ac fe'i claddwyd hi yn y Tawelfor mewn seremoni arbennig iawn. Hwyrach y clywodd rai ohonoch y rhaglen radio go ddiweddar yn disgrifio hyn. 'Roedd fy mywyd unwaith eto yn deilch-ion.

Aeth fy mab yn syth o Rydychen i'r Gwarchodlu Cymreig, ac er ei glwyfo'n drwm yn Arnhem—mae wedi gwella'n llwyr ac ers blynyddoedd bellach mae'n swyddog yn y Weinyddiaeth Dramor ; wedi teithio'r byd a byw mewn llawer gwlad. Felly nid wyf yn hollol unig.

Ar ôl hyn, ni fedrwn wynebu aros yng Ngregynog. Yn wir, bu'r lle ei hun farw yn 1940 ac ni ddaeth llewyrch arno hyd yn oed ar ôl y rhyfel gan i Gwendoline Davies —enaid y lle, ar ôl nychtod o chwe blynedd, farw o Leukaemia yn 1951. Gwnaeth ei chwaer ymgais i ail ddechre yn 1952 ond yn ofer. Nid oedd ysbrydoliaeth na safon nac awyrgylch yno mwyach, ac am y côr bach, a ail-gychwynnwyd gan yr Athro Parrott o Aberystwyth, nid oedd hyd yn oed yn gysgod o'r hyn a fu.

Yr oeddwn wedi ymadael yn 1942 (er fod fy chwaer Gertrude, yn cartrefu yn Nhy Canol o hyd) a chael gwaith dan y Weinyddiaeth Lafur fel Woman Power Officer (dyna i chi deitl) dros Dde Orllewin Cymru. Yr offis yn Abertawe a'r cadeirydd, Syr Ben Bowen Thomas a thri

dyn caredig iawn ar y Bwrdd gyda ni. Nid oes modd i mi
fesur fy nyled i Syr Ben am ei amynedd, ei gyfarwyddyd
a'i ofal, nac am garedigrwydd a chyfeillgarwch ei wraig
annwyl Gweneth. Buont yn fur cadarn o'm cwmpas.
Parheais yn y gwaith yno hyd 1944 pan symudwyd fi—
eto o dan y Weinyddiaeth Lafur—i Gaerdydd i ofalu am
y cynllun a elwid yn "Further Education And Training
Scheme" dros Gymru gyfan. Roedd yn gynllun da, yn
gofalu am grantiau i fechgyn a merched y torrwyd ar eu
cwrs addysg gan y rhyfel ac i rai, hefyd, a fethodd gychwyn
ar gwrs o gwbl, a rhoi cynnig ar gwrs newydd i'r anffod-
usion y torrwyd cymaint arnynt fel na fedrent ail-afael
yn eu hen orchwylion. Gan fod y fyddin yn troi adref
roedd y gwaith yn drwm iawn—a dyna'n union roedd ei
angen arnaf—digon o waith i'm cadw'n rhy brysur i gael
amser i feddwl am yr hyn a fu. 'Roedd yn gysur hefyd
cael rhan mewn gwaith adeiladol a hynny ym mhlith pobl
ifainc—Byddwn yn eu trin a'u trafod drwy'r dydd, wyneb
yn wyneb a hyn yn llawer mwy derbyniol i mi na thrin
papure am orie—ac roedd gennyf staff ardderchog yn
gwneud hynny. Dechreuodd y llif lacio, a minne'n
swyddog dros dro'n unig ac yr oedd yn ofynnol i mi gael
gwaith arall. Yn 1948 symudais yn ôl i Abertawe i'r
Coleg yno, dan John Fulton, y Prifathro enwog. 'Careers
Officer' and Student Adviser oedd fy nheitl yno. Chwi
gofiwch fod swyddfa yng Nghaerdydd ers blynyddoedd
lawer yn hysbysu ac yn llenwi swyddi i raddedigion, ond
ni fu neb cyn yr arbrawf hwn yn cynghori ac yn trafod
gwaith a chyfleusterau gyda'r myfyrwyr yn y fan a'r lle
yn y colegau unigol, ar wahân wrth gwrs, i'r hyn a wnaed
gan bob Athro yn ei adran ei hun. Abertawe a minne
felly, yn cychwyn arbrawf newydd. Bûm yn hapus,
gysurus yno yn y gwaith ac yng nghyfeillach a gweith-
gareddau'r Coleg hyd 1956 pan ddaeth adeg ymddeol.

Troi'n ôl a chartrefu gyda'm chwaer Gertrude Rowlands, yn Nregynon, ger y Plas, wnes i, a chynllun ar y gweill am waith rhan amser. Deuddydd neu dridie yn Llundain bob mis a'r gweddill adre ond daeth pen ar hyn hefyd. Tarawyd fy chwaer yn wael iawn, ac yma'n gofalu amdani y bûm hyd ei marwolaeth yn bedwar ugain a dwy yn niwedd 1962. Merch hynod oedd hi ar lawer ystyr, yn gerddor da, yn hyddysg mewn ambell grefft—(buom ein dwy yn hapus yn gwneud gwaith gwehydd dros y blyn-yddoedd gan ddefnyddio gwlan defaid Maldwyn hefyd). 'Roedd hi'n ffrind agos i Maria Montessori a Margaret Macmillan ac yn un o sylfaenwyr mudiad ysgolion meithrin yn Lloegr tra bu hi yno—ond ei gwaith pwysicaf oedd ei dawn i ysbrydoli ugeinie o athrawon—yn bennaf rhai a'u bryd ar ddysgu'r plant lleiaf.

Dim ond dwy o'r pum merch sydd yn awr ar ôl—fy chwaer Delia, yn awr o Dyserth yn Sir Fflint a chyn hynny am flynyddoedd lawer yn Rhuddlan—a minne'n byw yn yr un man prydferth—nepell o blas Gregynog, ac yn dal i ddotio ar brydferthwch y wlad o'm cwmpas—un o'r llecynnau mwyaf hudolus yng Nghymru.

Mae bywyd newydd yng Ngregynog erbyn hyn dan reolaeth Prifysgol Cymru—canolfan cyrsiau i'r chwe choleg, a chylchoedd llenyddol, cyngherdde, celfyddyd a chynadleddau pwysig. 'Rwy'n lwcus eto felly, i gael cyfle i gwrdd â hen ffrindie sy'n dod yma o dro i dro i ddarlithio neu i wneud gwaith ymchwil, neu i areithio yn y mynych gyfarfodydd.

Pob hwyl a bendith a rhwydd hynt i'r Gregynog newydd yn y dyfodol.